Metin Gür

Meine fremde Heimat

Türkische Arbeiterfamilien in der BRD

Aus dem Türkischen von Elif Lachauers

Weltkreis

CIP-Kurztitelaufnahme der Deutschen Bibliothek

Gür, Metin; Meine fremde Heimat; türk. Arbeiterfamilien in
d. BRD/Metin Gür. – Köln; Weltkreis, 1987. –
ISBN 3-88142-398-2

Weltkreis

© 1987 by Pahl-Rugenstein Verlag, Köln
Alle Rechte vorbehalten
Umschlaggestaltung: Ari Plikat, Dortmund
Lektorat: Hermann Kopp, München/Hans van Ooyen, Marl
Herstellung: Plambeck & Co Druck u. Verlag GmbH, Neuss
Bildnachweis: S. 198
Auflage: 5. 4. 3. 2. 1.
ISBN 3-88142-398-2

Metin Gür

Meine fremde Heimat

Türkische Arbeiterfamilien in der BRD

Aus dem Türkischen von Elif Lachauers

Weltkreis

Der Autor:

Metin Gür, am 10. Dezember 1939 in Malatya (Türkei) geboren, arbeitete als Schriftsetzer und kam 1968 zum erstenmal in die Bundesrepublik. Dort war er ein Jahr in einer Kölner Glasfabrik beschäftigt, dann kehrte er für kurze Zeit in die Türkei zurück; seit 1974 hat er seinen ständigen Wohnsitz in der BRD. Hier war er u. a. als Redakteur der Zeitung „Isci Birgili" und als Verlagsvertreter beschäftigt; heute ist er freier Journalist und Autor und beschäftigt sich vorwiegend mit den Problemen seiner hier lebenden Landsleute.

„Meine fremde Heimat" wurde mit einem Stipendium des Kultusministeriums von NRW gefördert.

Inhalt

Vorworte

„Mögen Sie etwa diese Musik?" fragte mich stirnrun-
zelnd ein schwarzhaariges Mädchen und hielt sich de-
monstrativ die Ohren zu, während ich fasziniert dem
kurdischen Sänger lauschte. „Wenn meine Eltern ihre
Schallplatten auflegen, flüchte ich in mein Zimmer und
mache *meine* Musik."

„Und welche Musik ist das?" fragte ich irritiert.

„Na, Rock zum Beispiel, jedenfalls was Fetziges,
nicht so'n Gejaule."

Ein Gespräch im September 1984 in Bergkamen. Zu-
fällige Gesprächspartnerin: ein siebzehnjähriges türkisches Mädchen, das mit sechs Jahren in diese Stadt
kam und hier aufwuchs. Ein Mädchen, das für jenen
Kulturverlust steht, der angesichts immer dringlicher
werdender Rückkehrforderungen eines der bedrän-
gendsten Probleme türkischer Familien ist.

Aber sind diese entwurzelten Menschen überhaupt
noch in der Lage, sich in einer längst fremd geworde-
nen „Heimat" – in der sie auch als Fremde behandelt
werden – zurechtzufinden?

Keine neuen Erkenntnisse. Keine neuen Fragestel-
lungen. Doch in einer Stadt mit ehemals 8 Prozent türkischer Bevölkerung, einer Stadt mit einer Rückkehr-
quote von weit über 1000 Türken in rund zwei Jahren
sind diese (und andere) Konflikte eine tägliche Heraus-
forderung.

Bergkamen, die junge Industriestadt am Nordrand
des Ruhrgebietes, hat seit Anfang der siebziger Jahre
beharrlich den Versuch unternommen, die nicht nur für
diese Stadt charakteristische Nationalitäten- und Kul-
turenvielfalt in ihre Kulturarbeit zu integrieren.

Sie konnte zwar nicht sämtliche sozialen und ökono-
mischen Probleme dieser (wie auch nicht aller deut-

schen) Menschen lösen. Doch sie konnte und wollte ihnen helfen, ihre kulturelle Identität zu erhalten bzw. zu entwickeln.

Das Ergebnis?

Zwiespältig, wie das Eingangsbeispiel beweist.

Der türkische Schriftsteller Metin Gür, den die Stadt Bergkamen im Sommer 1984 drei Monate lang als „Stadtschreiber" engagierte, um mehr über das Leben und die Probleme ihrer türkischen Mitbewohner zu erfahren, gibt in dem vorliegenden Buch eine differenziertere Analyse der türkischen Generationskonflikte zwischen Autoritätsanspruch und Selbstbestimmungsverlangen.

Doch das ist nur ein – wenn auch zentrales – Problem, dem Metin Gür mit außerordentlichem Fleiß in Hunderten von Einzelgesprächen und zähen Hintergrundrecherchen nachgegangen ist.

Daß diese sozialkritische Reportage durch ein Impulsprojekt der Bergkamener Ausländer-Kulturarbeit möglich wurde, könnte vielleicht Wege für eine neue, der Lösung sozialer Probleme verpflichtete Ausländerkulturarbeit weisen.

Dieter Treeck

Als Almancí Hüseyin, der Sohn von Memiş, aus Deutschland in unser Dorf zurückkehrte, hatte er seinen Schnurrbart gestutzt, sich eine Krawatte umgebunden, er trug eine Hose mit Bügelfalte und hatte einen kleinen Bauch. Bei seiner Abfahrt nach Deutschland war er ein schmächtiger, aber zäher kraftstrotzender junger Mann gewesen.

Hüseyin erzählte: „Ich brauche nur auf den Knopf zu drücken, und die Maschine läuft. Am Monatsanfang schickt mir die Bank meinen Lohn nach Hause. Auf der Straße laufen uns die Blondinen nach."

8

Diese und ähnliche Schilderungen hatten wir zur Genüge von unseren Almancí gehört. Ihre Taschen waren voller Geld. Die meisten erwähnten nicht, daß sie für den Urlaub Kredit aufgenommen hatten.

Diese Geschichten, die inzwischen alle kennen, haben auch unsere Schriftsteller nach kurzen Reisen durch Deutschland in verlockenden Farben in vielen Zeitungsartikeln und Büchern geschildert.

Unsere Schriftsteller, die die 25jährige Geschichte der Almancí schrieben, hatten eine Gruppe von ihnen vergessen: diejenigen, die sich einkapselten und schwiegen. Vielmehr hatten wir den Kontakt zu ihnen verloren ... In der Arbeit von Metin Gür sind Hunderte von Gesprächen zusammengetragen, die er im Sommer 1984 in einem Zeitraum von drei Monaten geführt hat. Jedes Gespräch birgt in sich das Leid, die Hoffnungslosigkeit und die Lebensgeschichte von Menschen, die es verlernt haben zu sprechen. Sie bringt zugleich die Gesellschaftskritik des Autors zum Ausdruck. Für die Arbeit der Politiker und Künstler kann sie Zeichen setzen.

Er hat mit Menschen gesprochen, die das Sprechen verlernt hatten. Mit viel Mühe hat er die Sorgen und den Kummer von Tausenden, Hunderttausenden von Menschen ans Tageslicht gebracht. Dafür danke ich ihm im Namen unserer Landsleute, die in der Fremde arbeiten müssen.

Ismail Çoban

Bergkamen kennenlernen

Der Kalender zeigt Montag, den 1. Juli 1984. Durch einen leichten Nebel zwinkert die Sonne, und es ist schon fast neun Uhr morgens, aber noch immer herrscht viel Verkehr – die Menschen eilen zur Arbeit. An der Autobahn Richtung Hannover taucht in der Ferne zwischen dem Grün eine Stadt auf. Für kurze Zeit verschwindet sie wieder hinter den Hügeln, steht dann aufrecht auf eigenen Füßen.

Bergkamen.

Ich bin angekommen.

„Bergkamen", betont Bürgermeister Heinrich Kook nicht ohne Stolz, „ist eine internationale Stadt. Aus den verschiedensten deutschen Regionen, aus vielen Ländern Europas, selbst aus Übersee sind Menschen zugezogen, um hier zu arbeiten." Von den (1983) 51 461 Einwohnern der Stadt Bergkamen – sie wurde 1963/64 aus den ehemaligen Gemeinden Bergkamen, Heil, Oberaden und Weddinghofen gebildet – sind 5 369 Ausländer, die meisten davon – 4 033 – Türken; erst mit weitem Abstand folgt die Gruppe der Jugoslawen mit 436 Personen.

Dem beträchtlichen Ausländeranteil versucht auch das Kulturamt in seiner Arbeit gerecht zu werden: „Seit der Gründung haben wir die Bedeutung der ausländischen Kunst und Kultur betont", erzählt Dieter Treeck. „In den Anfangsjahren haben wir viel mit bekannten Künstlern zusammengearbeitet, wegen des starken Zustroms ausländischer Arbeiter Mitte der siebziger Jahre haben wir im Bereich der Kunst neue Wege ausprobiert, haben z.B. Kurse für Folklore und Saz aufgenommen. In den letzten Jahren haben wir häufig türkische Künstler in unsere Stadt eingeladen und ihnen die Möglichkeit geboten, uns mit ihrer Kunst bekanntzumachen."

Aber das Leben in Bergkamen wird nicht von der Kunst geprägt, sondern von der Arbeit, insbesondere vom Kohlebergbau. In jeder Hinsicht. Auch heute noch stürzen von Zeit zu Zeit Straßen bis zu zwölf Meter tief ein; die unterirdischen Sprengungen sollen manchmal auch über Tage zu hören sein. „Die Kohle ist teuer",

behauptet der zuständige Mann von der Bergbauaufsicht bei einem Besuch in der Zeche „Haus Aden", in der 5 000 Bergleute arbeiten, „weil wir für die Häuser, die durch Sprengungen beschädigt werden, Entschädigungen zu zahlen haben."

Die ersten Bergleute in Bergkamen waren Bauernsöhne aus der Umgebung. Bald darauf kamen viele Arbeiter aus anderen Regionen, auch aus dem übrigen Ruhrgebiet. Die zweite Generation von Bergleuten stammte aus Gegenden wie Bayern, Franken, Hessen,

Schwaben, Oberschlesien, Ostpreußen und Pommern. Ihr Zuzug veränderte bis zum zweiten Weltkrieg das Bild der Stadt. Viele Einwohner kamen bei englischen Bombenangriffen ums Leben, die dem kriegswichtigen Kohlebergbau galten. Allein in der Zeche „Grimberg 1/2" fielen ihnen vom 11. September 1944 bis 25. Februar 1946 609 Bergleute zum Opfer. Die älteren Bürger Bergkamens berichten von einem Luftschutzbunker, der am Rande der Stadt in einem Waldstück errichtet wurde. Bei Bombenalarm konnten dort ungefähr 1 000 Personen unterkommen. Bei einem Luftangriff wurde der Bunker jedoch bombardiert, und dabei wurden die Ausgänge zugeschüttet; keiner derer, die im Bunker Schutz gesucht hatten, überlebte.

Als ich mit einer alten Bürgerin Bergkamens den Ort, an dem einst der Bunker stand, aufsuche, finde ich hier keine Spuren dieser leidvollen Tage mehr. Nicht einmal ein Baum wurde für diese Opfer des Faschismus gepflanzt, und erst recht gibt es kein Mahnmal, das die junge Generation an diese Tage einnern könnte. Die Frau, die mir den Weg zeigte, erzählt schweren Herzens von den Kriegstagen: „Ich war zwölf Jahre alt. Meine beiden Onkel, unsere Nachbarn und die Mütter meiner Freundinnen gingen eines Tages von zu Hause weg. Sie sind nie wieder zurückgekommen. Dann die Nachricht, sie seien in dem Bunker erstickt."

Auf den Ort und seine Umgebung fielen mehr als 5 000 Bomben. 80 Prozent der Gebäude wurden zerstört. Noch im August 1984 wurde bei Straßenbauarbeiten ein Blindgänger entdeckt. N. Genç aus Ordu, der seit 13 Jahren in Bergkamen wohnt: „Allein während meines Aufenthalts in Bergkamen wurden mehr als 50 Bomben gefunden."

Die Zerstörung ging auch nach Kriegsende weiter. Die Engländer demontierten die gesamte Industrie und transportierten sie mit der Bahn ab. Ein 76jähriger pensionierter Pfarrer erzählt mir: „Wir haben nachts die

12

Maschinen der 1938 gegründeten Pharmazeutischen Fabrik abmontiert und versteckt, damit sie die Engländer nicht wegschaffen konnten. Diese Aktivitäten haben damals die Bürger selbst organisiert."

Die zerstörte Stadt wurde wieder aufgebaut, und sie entwickelte sich weiter. Anfang der sechziger Jahre kamen erstmals auch ausländische Arbeiter in größerer Zahl. Ein wenig Statistik: Im 3. Quartal 1983 arbeiteten in Werne, Bergkamen, Bönen, Unna, Fröndenberg, Holzwickede und Hamm 14 771 Personen im Bereich des Kohlebergbaus. In dieser Zahl sind freilich alle im Kohlebergbau Beschäftigten, also auch die Verwaltungsangestellten, Ingenieure, Techniker, Sanitäter usw. enthalten. 3 067 von diesen im Bergbau Beschäftigten – 21 Prozent – waren Ausländer, 2 673 Türken, das sind 94 Prozent der ausländischen Arbeitskräfte. Meine türkischen Landsleute arbeiten natürlich auch in anderen der fast 1 700 meist kleineren Bergkamener Betriebe. (Der größte Arbeitgeber nach den Kohlebergwerken ist die Pharmafabrik „Schering AG" mit 2 173 Beschäftigten.)

Wir versteckten unser Geld in den Kleiderschränken

Arbeiter M. A., 1964 als Bergmann aus Uşak nach Bergkamen gekommen, erzählt: „Als wir herkamen, war Bergkamen ein Dorf. In der unmittelbaren Umgebung fanden wir keine Bank. Unser erspartes Geld haben wir deshalb meist in den Kleiderschränken versteckt. Wenn wir in den Urlaub fuhren, nahmen wir es mit. Die Löhne waren damals niedrig. Durchschnittlich 1 000 DM hatten wir damals dabei."

C. Koca, der 1969 aus Kütahya kam, lebt im Arbeiterheim „Am Kiwitt": „Ich komme aus einem Dorf. Deswegen war für mich Bergkamen schon damals eine Stadt. Die Straßen waren asphaltiert, es gab mehrere Geschäfte. In der Türkei habe ich erst während meiner Militärdienstzeit eine Stadt gesehen."

An einem Juliabend treffe ich in der Stadtmitte, im 2. Stock des Einkaufszentrums, acht Türken in eine Unterhaltung vertieft. Sechs von ihnen sind arbeitslos. Der älteste, S. Aktürk aus Trabzon, Vater von sechs Kindern, fängt gleich zu erzählen an: „Ich bin 1963 nach Deutschland gekommen. Ich habe in den verschiedensten Fabriken gearbeitet. Seit Januar 1984 bin ich arbeitslos. Ich habe keine Scheu vor Arbeit, ich mache auch die schwerste Arbeit, wenn ich sie bekomme."

– Hast du dir denn keine Arbeit gesucht?

– Wovon redest du! ... Arbeit zu finden ist sehr schwer. Klar habe ich Arbeit gesucht, aber ich habe keine gefunden. Ich will dir mal was erzählen: Ich ging wegen meiner Aufenthaltsgenehmigung zur Ausländerpolizei. Dort verlangten sie von mir eine Bescheinigung über die Höhe des Arbeitslosengeldes. Davon wollten sie meine Aufenthaltsgenehmigung abhängig machen. „Und wenn dem Arbeitsamt das Geld ausgeht?" habe ich gefragt. „Dann mußt du in deine Heimat zurückgehen", antworteten sie. Als ich hierher kam, war ich 27 Jahre alt. Jetzt bin ich 48. Wenn ich in meinem Alter in meine Heimat zurückginge, könnte ich dort nichts anfangen. Ich habe mein Leben hier verbraucht . . .

– Wie steht es um deine Gesundheit?

– Ich war gesund und kräftig als ich hierher kam, ich hätte Bäume ausreißen können. Diese Tage sind vorbei. Ich habe einen Bandscheibenschaden, Magengeschwüre und ein Blasenleiden. Ohne Brille kann ich nicht mehr sehen. Gott sei Dank ist mein Gehör noch in Ordnung.

– Du lebst von deiner Frau und deinen Kindern getrennt?

– Seit vielen Jahren. Ich denke Tag und Nacht an sie. Ich habe Schlafstörungen. Das hier ist kein Leben. Aber aus Not nehmen wir das alles auf uns.

– Du bist einer der ersten Türken, die in diese Stadt kamen. Was für einen Eindruck hattest du damals von Bergkamen?

– Als ich ankam, war hier ein Sumpfgebiet. Was heute hier steht, wurde auch mit unserer Arbeitskraft gebaut. Das Dach des Rathauses habe ich mit meinen beiden Brüdern gedeckt. Bei unserer Dachdeckerfirma arbeiteten etwa 20 türkische Arbeiter. Ich war der erste von ihnen und bekam einen Stundenlohn von 4,35 DM. Weil der Arbeitgeber fand, daß ich gut arbeitete, erhöhte er meinen Lohn schon im ersten Monat auf 4,70 DM. Nach zwei Monaten fragte er mich: „Hast du Brüder?" Ich sagte ihm, daß ich zwei Brüder habe, die in der Türkei lebten. „Gib mir ihre Adressen, damit ich ihnen gleich eine Einladung schicken kann", meinte er. Ich gab ihm die Adressen, und zwei Monate später kamen meine Brüder nach. Als er auch mit deren Arbeit zufrieden war, sagte er zu mir: „Kennst du noch andere Türken? Die sollen auch herkommen." Auf diese Weise habe ich damals 25 Türken an meine Firma vermittelt. So gefragt waren wir damals. Alle wollten uns haben.

Im Einkaufszentrum von Bergkamen treffen sich viele Türken nach Feierabend. Hier werden Sorgen und Kummer einander mitgeteilt, Freundschaften entstehen, aber auch Feindseligkeiten. Hier gibt es zwei türkische Cafés. In dem einen treffen sich türkische Jugendliche, die Sport treiben. Aber die meiste Zeit verbringen die Türken hier mit dem Kartenspiel. In den Abendstunden und an den Wochenenden sind beide Cafés überfüllt. Die meisten Besucher sind junge Leute; stundenlang schlagen sie hier ihre Zeit tot.

Ein Vertreter der Stadtverwaltung Bergkamens meint: „Die Zahl der Glücksspieler unter den Türken ist in den letzten Jahren gestiegen. Auch prozentual zu den anderen Nationalitäten stellen die Türken mehr Glücksspieler als andere. Rund hundert sind es in unserer Stadt. Es gibt auch Türken, die von auswärts zum Spielen hierher kommen. Dabei geht es oft um große Summen. Sonntagmorgens, ganz in der Frühe, setzen sie sich wieder in ihren Mercedes und fahren weg. Diese Türken sind an ihrem Wohn- und Arbeitsort polizei-

lich bekannt. Um sich der Kontrolle der Polizei zu entziehen, fahren sie von Dortmund hierher. Einige Türken in Bergkamen verspielen ihren gesamten Lohn. Die Ehefrauen und Kinder dieser Leute befinden sich in großer Not. Frauen mit Kopftüchern kommen zu uns, beklagen sich über ihre Männer und bitten uns um Hilfe. Dann versuchen wir, ihnen Sozialhilfe zu vermitteln!"

Während unseres Gesprächs betonen fast alle, daß sie aus einer gewissen Notsituation heraus in die Cafés gehen. Sie langweilen sich zu Hause und wissen nicht, wohin sie sonst gehen könnten. M. Çevik, der 21 Jahre alt ist: „Wir sind Fremde in der deutschen Gesellschaft. Aus diesem Grund gehen wir hierher. Wenn wir mal in eine deutsche Kneipe gehen, werden wir schlecht behandelt. Hier dagegen sind wir unter uns."

I. Karadeniz, der seit 11 Jahren als Bergmann arbeitet, sagt dazu: „Im Café sehen wir unsere Freunde. Manchmal spielen wir Karten, trinken Tee und Kaffee."

Ein Cafébesitzer auf die Frage, warum es nach seiner Meinung immer mehr türkisches Kaffeehäuser gibt: „Diese Gewohnheit, ins Kaffeehaus zu gehen, ist drei bis vier Jahre alt. Hauptsächlich die Deutschen haben uns dazu gedrängt. Als sie uns nicht in ihre Lokale ließen oder uns dort schlecht behandelten, haben wir uns dazu entschlossen, unsere eigenen Gaststätten zu eröffnen. Sogar in einer Wirtschaft, in der ich jahrelang Stammgast war, wendete sich die Stimmung immer mehr gegen mich. Mit der aufkommenden Ausländerfeindlichkeit haben wir uns zurückgezogen."

Man muß aber hinzufügen, daß das Kaffeehaus in der Türkei eine lange Tradition hat, die bis auf die Osmanen zurückgeht. In den fünfziger Jahren, mit der beginnenden Landflucht und der Verschärfung der Arbeitslosigkeit, wurde es im Leben der Türken immer wichtiger. In den großen Industriestädten wie Istanbul,

Ankara, Adana und Izmir entstanden Cafés für die Arbeitsuchenden. Diese Cafés tragen Städtenamen; in ihnen treffen sich die Leute aus den jeweiligen Landstrichen. Es gibt aber auch Künstlercafés, Cafés für verschiedene Berufsgruppen oder Studentencafés. Sie erfüllen einerseits eine soziale Funktion, aber der häufige Kaffeehausbesuch bringt Unruhe und Streit in die Familien und kann sogar zur Trennung von Ehepaaren führen. Heute ist in der Türkei an jeder Ecke ein Café zu finden, Sommer wie Winter sind sie gut besucht.

Die Cafés in Bergkamen sind Kopien der türkischen Kaffeehäuser. Wenn man eintritt, glaubt man sich in jeder Hinsicht in die Türkei versetzt. Die Musik, der Zigarettenrauch, die Themen der Gespräche – alles erinnert an zu Hause.

Wir mögen euch, weil ihr Gäste seid

Vor uns steht das siebenstöckige Rathaus, in dem die Stadtverwaltung untergebracht ist, ein gepflegtes und schönes Gebäude. Viele Menschen sitzen auf Bänken zwischen den großen Blumenkästen und Bäumen und ruhen sich aus. Es wird dunkel, und die Straßenlaternen werden eingeschaltet. Das Bild verändert sich langsam: Jungen und Mädchen gehen Arm in Arm und genießen den Abend. Hier herrscht kein hektisches Hin und Her, wie man es von Großstädten kennt, denn Bergkamen ist eine ruhige kleine Stadt. „Mir sind meine Kinder in den Sinn gekommen", sagt S. Aktürk beim Anblick der Jugendlichen plötzlich und seufzt. Nach einer kurzen Pause meint er: „Gehen wir zu mir, einen Kaffee trinken."

„Wenn du ein Brot hast, gib die Hälfte dem, der nichts hat", heißt es in den Dörfern der Türkei. In den früheren Jahren konnten die türkischen Arbeiter in Bergkamen häufig zwischenmenschliche Beziehungen aufbauen und Begebenheiten erfahren, die dieser Haltung entsprechen. A.M. Sade, ein Türke aus dem sowjetischen Aserbeidschan, der im zweiten Weltkrieg als Kriegsgefangener nach Deutschland kam, arbeitete ab 1950 als Bergmann in Bergkamen. Eines seiner Erlebnisse schildert er so: „Die ersten Arbeiter, die aus der Türkei nach Bergkamen kamen, haben am 4. Dezember 1963 auf der Zeche ‚Monopol' zu arbeiten begonnen. Diese Arbeiter, insgesamt 64 Personen, waren junge und kräftige Burschen. Ich habe sie als Dolmetscher der Firma willkommen geheißen. Sie wohnten im Arbeiterheim ‚Am Kiwitt'. Im Versammlungsraum des Heimes habe ich eine kurze Ansprache gehalten. Ich habe ihnen gesagt, daß ich Türke bin und ihnen in jeder Hinsicht helfen kann. Ich habe darauf hingewiesen, daß sie mit allen ihren Sorgen zu mir kommen können und daß die Vertreter der Arbeitgeber sie herzlich grüßen. Die meisten von ihnen kamen aus den Dörfern Anatoliens. Ihre Kleidung war unzulänglich. Einer meiner deutschen Bekannten hatte ein Konfektionsgeschäft. Ich schilderte ihm die Lage und bat ihn um Hilfe. Er sagte mir, ich solle mit allen zusammen zu ihm kommen. Noch in derselben Woche bin ich mit der ganzen Gruppe, aufgestellt in Zweierreihen, zu dem Bekleidungsgeschäft gegangen. Der Geschäftsinhaber hat alle 64 an Ort und Stelle eingekleidet. Er hat von keinem Geld angenommen; das sei ein Geschenk, erklärte er. Darüber haben sich die türkischen Arbeiter sehr gefreut. Sie haben tagelang davon gesprochen. Die Türken, die später kamen, wurden von den Deutschen nach Hause eingeladen und bekamen Kleidung geschenkt. Manche von ihnen haben sogar einiges davon, was sie selber nicht brauchen konnten, mit in die Türkei genommen, als sie in Urlaub fuhren. Zu Silvester 1963 haben die Deutschen die türkischen Arbeiter zu sich nach Hause eingeladen, damit sie das Jahresende nicht allein im Heim verbringen mußten. Die Deutschen mochten die Türken sehr gerne. Als ich noch als Bergmann arbeitete, kamen die türkischen Kollegen gelegentlich zu mir und baten mich um Hilfe, schütteten mir ihr Herz aus. Eines Tages fragte einer: ,Das blonde Mädchen in dem Laden, in dem ich einkaufe, hat mich angelacht. Sie liebt mich. Was soll ich machen?' Viele hatten ähnliche Sorgen. Ich antwortete ihm: ,Mein Sohn, es ist nicht so, wie du denkst. Sie mögen euch, weil ihr Gäste seid.'"

– Gab es Probleme beim Einkaufen?

– Zum Einkaufen gingen die Neuankömmlinge in Gruppen. Auf dem Weg versuchten sie, sich gegenseitig aufzuziehen und sagten: „Das Fett, das wir gekauft haben, ist aus Schweinemilch gemacht." Ich machte ihnen klar, daß man Schweine nicht melken kann. Später habe ich das Einwickelpapier der deutschen Butter gereinigt und im Arbeiterheim an die Wand gehängt, damit alle sich diese Marke aufschreiben und das richtige Fett kaufen konnten.

Eine Gruppe türkischer Arbeiter sonnt sich im Garten des Arbeiterheims „Am Kiwitt". Diejenigen, die gerade aus dem Urlaub zurückgekommen sind, erzählen von ihren Erlebnissen in der Türkei. Besonders über die Teuerung beklagen sie sich. Für den Urlaub hatten sie zwischen 8 000 und 9 000 DM mitgenommen, was in kurzer Zeit verbraucht war. „Man muß in Deutschland verdienen, in der Türkei ausgeben", sagen sie.

M. Kara arbeitet seit 16 Jahren als Bergmann: „Als wir hier ankamen, haben die Deutschen uns sehr gemocht. Wir wollten einkaufen, aber wir konnten kein Deutsch. Dennoch haben sie sich bemüht, uns zu verstehen. Jetzt versuchen wir sie zu verstehen!" Lachend und aufgeregt erzählt er mir folgende Geschichte: „Es war 1969, im Dezember. Mit ein paar Freunden bin ich in einen Lebensmittelladen gegangen, um Milch zu kaufen. Aber wir wußten nicht, was auf Deutsch Milch heißt. Wir schauten in die Auslage, sahen uns im Laden um, wir fanden keine Milch. Aber ein Schlauer unter uns wußte Abhilfe: Er faßt an die Brust des schönen Mädchens an der Theke und machte mit Handbewegungen klar, daß wir Milch wollten. Die Deutschen, die auch in dem Geschäft einkauften, haben darüber sehr gelacht. Auf diese Weise haben wir unsere Milch bekommen. Alle fanden das lustig."

„Fremd und einsam."

Was mir über das Konfektionsgeschäft erzählt wurde, interessiert mich. Das Geschäft besteht noch immer. Ich gehe zu dem Laden, um die Inhaber nach ihren Erlebnissen mit den türkischen Arbeitern und über ihre jetzige Meinung zu befragen. Frau Brill begrüßt mich freundlich und herzlich.

– Frau Brill, ich habe gehört, daß Sie 1963 an 64 türkische Arbeiter Kleidungsstücke verschenkt haben. Warum haben Sie das getan?

– Sie waren fremde, einsame Menschen. Sie hatten sich von ihrer Familie, von ihren Kindern getrennt, sie hatten kein Zuhause. Ich habe sie als Menschen angesehen, die Hilfe brauchten. Wir behandeln unsere Kunden wegen ihrer Nationalität nicht anders. Seit der Gründung unseres Geschäfts haben wir versucht, allen Fremden zu helfen.

– Haben Sie mit den türkischen Arbeitern und ihren Familien nur positive Erfahrungen gemacht?

– Ja, wir sind sehr zufrieden.

– Wie verhalten sich die Türken beim Einkauf? Ist Ihnen etwas Besonderes aufgefallen?

– Am Anfang haben sie oft versucht zu handeln. Wir haben ihnen erklärt, daß sie hier nicht handeln können wie in der Türkei. Später haben sie diese Gewohnheit aufgegeben.

– Welche Farben haben sie für ihre Kleidung bevorzugt?

– Zumeist kauften sie schwarze oder dunkle Anzüge. Noch lieber mochten sie schillernde Stoffe. Die waren in einer Woche ausverkauft.

– Sie haben ein alteingesessenes Geschäft. Sie kennen sicher auch Türken, die mit der Familie bei Ihnen einkaufen. Wenn einmal die ganze Familie mitkommt, welchen Einfluß haben dann die Frauen auf den Einkauf?

– Sie stehen abseits und still, können aber trotzdem ihre Männer bei ihrer Entscheidung beeinflussen.

Bergkamen wie auch die Kleinstädte der Umgebung haben es geschafft, sich aus der in den letzten Jahren in der Bundesrepublik entstandenen feindlichen Haltung gegenüber Ausländern, insbesondere gegenüber den Türken, weitgehend herauszuhalten. Die Bergkamener haben sich ihre eigene Tradition bewahrt. Beim Einkaufen sind sie freundlich, auf der Straße grüßt man, sie sind hilfsbereit und machen in dieser Hinsicht keinen Unterschied zwischen Einheimischen und Fremden.

Ein Ereignis hat mich besonders beeindruckt. Es geschah in der zweiten Woche meines Aufenthalts. Ich war fremd in der Stadt, kannte niemanden hier. Ich saß im ersten Stock eines italienischen Cafés und sah mir meine Notizen vom Tage durch. Im ganzen Lokal saß niemand außer zwei hübschen deutschen Mädchen. Als sie ihre Tassen geleert und die Rechnung bezahlt hatten und aufbrechen wollten, wandten sie sich zu mir und sagten: „Allah ısmarladık." Das war ein Zeichen von Freundlichkeit, ohne Hintergedanken.

Solche Erlebnisse müssen die türkischen Arbeiter vor Jahren bei ihrer Ankunft in Bergkamen häufig gehabt haben. Ich möchte hier ein Ereignis wiedergeben, das mir ein türkischer Bergmann aus Zonguldak erzählt hat. Mit Çelikler, der nun in die Türkei zurückgeht, unterhalte ich mich eine Woche vor seiner Abreise. Auf meine Frage zu seinen Beziehungen zu den deutschen Nachbarn gibt er mir zur Antwort: „Ich bin zufrieden mit meinen Kontakten zu den Deutschen. Seit 13 Jahren habe ich mit keinem Deutschen eine Auseinandersetzung gehabt. Ich habe eine 68jährige deutsche Nachbarin. Sie ist letzte Woche in Urlaub gefahren. Sie

wußte, daß wir in die Türkei zurückkehren wollten. Einen Tag vor ihrer Abreise hat sie uns nachts um 3 Uhr geweckt. ‚Wie schade, daß ich euch nicht mehr wiedersehen werde!‘ sagte sie. Sie wollte sich mit uns unterhalten. Wir saßen alle bis morgens fünf Uhr zusammen. Als sie sich von uns verabschiedete, umarmte sie uns und weinte. Es fällt uns schwer, von hier wegzugehen. Wir haben uns in Bergkamen eingelebt und fühlten uns wie in der Heimat."

Ein anderer türkischer Bergmann, der seit 1963 in Bergkamen wohnt, erzählt über seine Kontakte zu den Nachbarn: „Ich hatte gute deutsche Nachbarn. Sie haben mich unterstützt wie eigene Eltern. Einmal, als uns das Geld ausging, haben sie sogar von der Bank Geld abgehoben und es uns geliehen. Wir waren drei Brüder. Unsere Nachbarn haben, bevor wir nach Hause kamen, bei uns in der Wohnung eingeheizt, damit wir es nach der Arbeit schön warm hatten. Sie haben unsere religiösen Feiertage herausgefunden und an diesen Tagen für uns ein gutes Essen gekocht. ‚Wir haben noch nie einen schlechten Türken getroffen', sagten sie. Wir haben zusammen Silvester gefeiert. Wenn wir in die Türkei in Urlaub fuhren, gaben sie uns viele Geschenke für unsere Kinder mit. Seit 22 Jahren haben wir gute nachbarschaftliche Beziehungen. Einer unserer Nachbarn war Bergmann. Er ist vor einem Monat gestorben. Ich habe Blumen zu seinem Begräbnis geschickt."

„Lange Haare, kurzer Verstand..."

Die türkischen Frauen haben sehr viele Probleme. Viele Arten von Problemen. Wenn man sich einmal darauf einläßt, wird man förmlich in sie hineingesogen. Man läuft Gefahr, bis zum Hals in ihre Sorgen und ihren Kummer einzutauchen. Es ist unmöglich, zuzuhören und persönlich nicht betroffen zu sein. Sie erzählen nicht nur mit Worten, sondern mit ihrer Mimik, ihren Gesten, ihrer Art hin- und herzugehen. Unter der schweren Last, unter der sie leben, altern sie früh. Deswegen sehen sie mindestens 10 bis 15 Jahre älter aus, als sie in Wirklichkeit sind.

M. Başaran ist die Ehefrau eines Bergmanns aus Balıkesir. Er arbeitet hier seit elf Jahren unter Tage. Sie haben zwei Kinder, wohnen in einer winzigen Wohnung an der Präsidentenstraße. In dem kleinen Zimmer, das ihnen als Küche, Waschküche und Wohnzimmer dient, sitzt Frau Başaran im Schneidersitz auf dem Sofa und erzählt: „So ist es in Deutschland, manche gehen hier zugrunde, andere können sich ein Haus bauen und wieder andere werden krank." Sie zieht ihr Kopftuch zurecht. „Ich habe nicht einmal die Grundschule abgeschlossen. In unserem Dorf galt es damals als ‚unschicklich', wenn heranwachsende Mädchen zur Schule gingen. Ich war auch schon älter. Als ich zwölf wurde, hat mich mein Vater in der vierten Klasse von der Schule genommen. Was hätte es mir auch genutzt, wenn ich die Schule beendet hätte? Ich wäre sowieso im Dorf geblieben."

– Denken Sie daran, in die Türkei zurückzugehen?

– Das weiß mein Mann. Ich mache das, was er sagt. Er hört sowieso nicht auf mich. Wie soll eine Frau überhaupt entscheiden können? Die Frau ißt das, was der Mann bringt. Der Ehemann schafft heran, die Frau verbraucht.

– Ich habe beobachtet, wie die türkischen Frauen an den Straßenecken vor den Häusern in Gruppen zusammensitzen. Warum trefft ihr euch nicht in einer Wohnung. Warum sitzt ihr draußen?

– Der Wiesenvogel gehört auf die Wiese, der Bergvogel in die Berge. Wir sind Bauern, wir sitzen draußen. Wir sind die frische Luft gewöhnt. Wir wollen draußen sein.

– Aber die Deutschen sitzen nicht draußen.

– Sie hocken auch draußen, hier in der Gegend. Sie bleiben nur nicht sehr lange sitzen, mit ihren Bierflaschen in der Hand. Ich weiß, die finden es nicht gut, wie wir da sitzen. Aber wir sitzen trotzdem draußen. Den Tieren wird es unter dem Dach auch zu eng, uns Frauen geht es genauso. Ich habe hier keine Angehörigen. Können Sie mir sagen, zu wem ich gehen soll? Ich habe keine Mutter hier, keinen Vater, keine Geschwister, zu wem soll ich also? Ich gehe vor die Tür, ich sehe ein paar Nachbarn, ich plaudere ein wenig. Das macht es mir leichter. Ich will unter Menschen sein. Ich brauche auch Unterhaltung.

– Wer ist bei Ihnen verantwortlich?

– Was ist das für eine Frage! Bei uns sind immer die Männer verantwortlich. Die Frauen können keine Verantwortung tragen, das geht nicht gut. Die Frauen haben lange Haare und kurzen Verstand.

– Sie sind auch eine Frau.

– Ich bin auch eine Frau, und ich bin auch nicht klug. Wenn ich anfange, über die Türkei nachzudenken, ist mein ganzer Verstand dahin. Ich lebe hier, eins von meinen Kindern ist in der Türkei. Tag und Nacht sind meine Gedanken bei ihm.

– Gefällt es Ihnen in Deutschland?

– Was soll mir hier in Deutschland gefallen? Hier ist alles anders als in der Türkei. Ich kann mich an das Klima nicht gewöhnen. In unserer Wohngegend habe ich mich eingelebt. Alle hier in der Nähe sind Türken. Ich höre sie vor den Fenstern plaudern. Ich kann kein Deutsch. Deswegen kann mir Deutschland auch nicht gefallen.

– Wie finden Sie die deutschen Frauen?

– Diejenigen, die die Türken mögen, sagen uns „Guten Tag", sie grüßen uns. Die uns nicht mögen, schauen uns scheel von der Seite an. Ich will noch etwas dazu sagen: Die deutschen Frauen laufen ohne Kopftuch und mit offenen Kleidern herum. Sie mögen uns nicht, weil wir Kopftuch und Mantel tragen. Im Sommer, wenn es heiß ist, deuten sie mir, ich soll auch meinen Mantel und Kopftuch ablegen.

– Haben Sie hier gearbeitet?

– Nein, ich habe nicht gearbeitet.

– Sehen Sie einen Unterschied zwischen den berufstätigen Frauen und den Frauen, die nicht berufstätig sind?

– Geld macht die Menschen verträglich, Armut streit-
süchtig! Die Frauen, die berufstätig sind, geben damit
an. Weil wir nicht arbeiten, haben wir nichts zu sagen.
Wir haben keinen Mut, Geld auszugeben.
– Sehen Sie fern, wenn Sie Zeit dazu haben?
– Nein, seit sechs Monaten habe ich nicht mehr fern-
gesehen. Denn der Apparat steht in dem Zimmer meines Mannes.
– Wie, schlafen Sie nicht zusammen in einem Zimmer?
Hier mischt sich der Ehemann von Frau Başaran in
das Gespräch ein: „Ein Bergmann schläft allein."
– Ich schlafe mit dem Kind zusammen. Der Mann
schläft allein.

Es ist schon Abend geworden. Von draußen hört man
die Stimmen der spielenden Kinder. Herr Başaran
macht das Licht an und schaltet den Kassettenrekorder
ein. Ein trauriges anatolisches Lied erfüllt die Wohnung. Der Kassettenrekorder übertönt die Stimmen der
Kinder: „In der Heimat wartet man auf euch, Kraniche
fliegt in unser Land . . ."
Herr Başaran erzählt weiter. Seine Worte mischen
sich mit der Melodie des Liedes: „Ich bin seit elf Jahren hier. Ich leide sehr unter der Trennung von der Heimat und der Sehnsucht nach meinen Eltern. Ich habe
keine Freunde gefunden, habe auch keine Kontakte zu
Deutschen. Deswegen habe ich zu trinken begonnen
und habe Kummer."

Straßenkehrer mit Hochschulabschluß

Um die türkischen Frauen kennenzulernen, muß man die Bedingungen kennen, unter denen sie in der Türkei lebten. Der Umzug aus der Heimat nach Deutschland und die Zeit der Umstellung ist mit sehr vielen Schwierigkeiten verbunden. Niemand hilft ihnen dabei.

Nach den jährlichen Statistiken der Vereinten Nationen über die Weltbevölkerung liegt die Lebenserwartung in der Türkei gut zehn Jahre niedriger als in Europa, bei 61 Jahren. Die Gründe dafür liegen auf der Hand: Unterernährung und Hunger. In der Türkei müssen sich gegenwärtig Millionen von Menschen ohne Abendessen hungrig ins Bett legen. Allein im Jahre 1980 starben mehr als 200 000 Kinder an den Folgen von Unterernährung. Gegenwärtig sind die Hälfte der Toten in der Türkei Kinder unter fünf Jahren. Der Sozialminister der letzten Regierung vor der Junta, Hilmi Işgüzar, erklärte, der Zustand, daß nur 3 000 der pflegebedürftigen 3 000 000 Kinder unterstützt werden, sei „die blutende Wunde der Gesellschaft".

In der Türkei ist das Brot ein Grundnahrungsmittel. Die Zahl derer, die nicht einmal genügend Brot haben, liegt sehr hoch. Nach wissenschaftlichen Veröffentlichungen werden in der Türkei pro Kopf 230 kg Getreide, 20 kg Fleisch und 13 kg Milch jährlich verbraucht. Im November 1979 erklärte der Vorsitzende der türkischen Ärztevereinigung, Dr. Erdal Atabek, auf dem Ärztekongreß zum Thema „Nationale Ernährung": „Die Probleme der Unterernährung sind im ganzen Land zu beobachten. Aber diese Probleme sind in den ländlichen Gebieten und den Slums der Großstädte viel stärker. Einige Teile von Südanatolien, Ost- und Mittelanatolien weisen in dieser Hinsicht die schlechtesten Bedingungen auf. Eine Million Mütter leiden unter

Blutarmut, und ungefähr eine Million Neugeborene kommen mit den Symptomen der Blutarmut zur Welt. Ein Drittel unserer Gesamtbevölkerung leidet unter mittleren und leichten Formen von Blutarmut, d. h. mindestens 13 bis 15 Millionen Menschen."

Das Amt für Straßen-, Wasser- und Stromversorgung gab für das Jahr 1980 folgende Zahlen an: In der Türkei gibt es in 23 000 Dörfern von insgesamt 40 000 keinen Strom. Nur 12 000 Dörfer mit 8 Millionen Einwohnern, die Gesamtzahl der Dorfbevölkerung beträgt 24 Millionen, verfügen über Strom. Zu 3 335 Dörfern besteht keine Straßenverbindung; 5 293 Dörfer haben kein Trinkwasser.

33 Prozent der Bevölkerung sind Analphabeten, 8 Millionen Frauen sind darunter. Hunderttausende Jugendliche haben keine Ausbildungsmöglichkeiten. Nach den Angaben des Erziehungsministeriums gibt es in 773 Dörfern keine Schule. Nur 84 Prozent der schulpflichtigen Kinder können eine Grundschule besuchen.

Die offizielle Zahl der Arbeitslosen liegt seit Ende 1983 bei über 4 Millionen; inoffiziell wird die Arbeitslosenrate weit höher angesetzt. Der frühere Ministerpräsident Bülent Ecevit erklärte in einer Rede, jedes Jahr würden weitere 500 000 Arbeitslose hinzukommen.

In einer der meistgelesenen Wochenzeitschriften der Türkei war im Oktober 1984 die folgende Nachricht zu finden: „Straßenkehrer zu werden ist sehr schwer geworden. Es gibt immer mehr Arbeitslose, und die Eignungsprüfungen werden in Stadien abgehalten." Für die zu besetzenden 222 Straßenkehrerstellen in den Außenbezirken von Ankara bewarben sich 3 000 Personen. Die Zeitschrift berichtet weiter: „Unter den Bewerbern waren etwa 150 Hochschulabsolventen, 1865 Abiturienten, 465 Mittelschulabsolventen, 140 hatten die Grundschule abgeschlossen."

Die Bevölkerung der Türkei nähert sich der 50-Millionen-Grenze. Die Türkei ist, gemessen an ihren Bodenschätzen und sonstigen Ressourcen, in der Lage, mehr als 100 Millionen Menschen zu ernähren. Aber warum gelingt es ihr heute nicht einmal, die Hälfte dieser Menschen aus eigener Kraft zu versorgen?

Gemessen an der Bevölkerungszahl unterhält die Türkei die größte Armee innerhalb der NATO. Während des zweiten Weltkriegs zählte sie 600 000 Soldaten. Diese Stärke wurde beibehalten und in den letzten Jahren sogar erhöht. Seit die Türkei der NATO beigetreten ist, sind die Militärausgaben ständig gestiegen; sie machen den Hauptteil des Staatshaushalts aus. Im Haushaltsjahr 1983 z. B. entfielen auf das Verteidigungsministerium 444 Milliarden TK (Türkische Lira), auf das Ministerium für Handel und Industrie 22, das Ministerium für Gesundheit und Soziales 75 Millionen TL.

Die Situation der türkischen Frauen in Bergkamen ist die Folge dieser Strukturen, durch die die Reichen immer reicher, die Armen immer ärmer werden. Wären sie

in ihrer Heimat in der Lage gewesen, sich die zeitgenös-
sische Kultur anzueignen, könnten sie auch die Welt
um sich herum besser begreifen. Hätten sie dort genügend Brot zum Essen gehabt, wären sie nicht in die
Fremde gegangen.

„Am Tisch essen ist eine Erfindung der Gottlosen!"

Die gemeinsame Sorge der Frauen, mit denen ich in Bergkamen und in der Umgebung ins Gespräch komme, ist die Sehnsucht nach der Türkei. Meist lebt die ihnen am nächsten stehende Person in der Heimat. Die Trennung bringt Spannungen mit sich. Besonders bei Hausfrauen, die kein Deutsch können, werden dadurch konservative Einstellungen, insbesondere Vorurteile gegenüber den Angehörigen fremder Religionen, verstärkt.

Eine türkische Lehrerin erzählte mir folgendes: Während eines Lese- und Schreibkurses für eine Gruppe türkischer Frauen fangen einige auf den hinteren Bänken an, sich zu unterhalten. Die Unterhaltung wird so laut, daß die anderen, die dem Unterricht folgen, gestört werden. Die Lehrerin greift daraufhin ein und sagt: „Was für Probleme gibt es? Lösen wir sie doch gemeinsam." Daraufhin meldet sich eine Frau aus Kırşehir, Mutter von sechs Kindern: „Frau Lehrerin, gestern abend haben wir unser Kind fast zu Tode geprügelt. Der Vater hat es geschlagen, dann mir gegeben, ich habe es geschlagen, dem Vater gegeben." Auf die Frage „Warum habt ihr das Kind geschlagen?" meint sie: „Am Abend saßen wir alle an unserem Bodentisch und aßen Suppe. Eines der Kinder hatte 50 Pfennig in der Hand. Dann hat das Kind das Geld der Gottlosen in die Suppe der Türken fallen lassen!" Die Lehrerin fragt: „Warum eßt ihr nicht am Tisch, sondern auf dem Boden?" „Am Tisch zu essen, ist eine Erfindung der Gottlosen!" gibt die Frau zur Antwort.

Derartige Ansichten beginnen auch in der Türkei langsam zu verschwinden. Unter türkischen Frauen aber, die in der Emigration leben, aus ländlichen Gebieten stammen und nicht berufstätig sind, halten sie sich beharrlich. Ihre Verschlossenheit, ihr Haß auf die ihnen fremde Umgebung nimmt manchmal so extreme Züge an, daß sie sogar stationär behandelt werden müssen.

In Rünthe, in der Taubenstraße, wohnen viele Türken. Wir gehen die Straße entlang. Eine Gruppe von 8- bis 10jährigen Kindern schließt sich uns an. Sie fragen mich: „Onkel, kommst du zu uns? Wen suchst du?" Manche klammern sich an meine Beine. Der Journalist, ein deutscher Kollege, der mich begleitet, ist sehr erstaunt über dieses Verhalten der Kinder einem Fremden gegenüber.

Der Stadtteil, in dem sie wohnen, hat für sie die Rolle ihres Dorfes übernommen. Die Häuser sind zweistökkig, neu renoviert, mit Vorgärten. Die Straßen sind sauber und gepflegt, junge Bäume sind angepflanzt, Sitzbänke aufgestellt. Auf der Straße ist außer den Türken niemand zu sehen. Die Frauen sitzen in Gruppen vor den Türen, die Männer auf den Bänken und unterhalten sich. Ihre Kleidung, ihr Interesse für die Fremden und wie sie auf sie zugehen – alles zeigt, daß ihr Leben in der Bundesrepublik eine Fortsetzung ihrer türkischen Lebensgewohnheiten darstellt; sogar die Art, wie sie ihre Gärten anlegen, mit verschiedenen Obstbäumchen, die sie pflegen wie ihre Kinder.

A. Güneş aus Trabzon wohnt auch hier. Ihr Mann arbeitet seit 14 Jahren unter Tage, in der Nachtschicht. Deswegen hat er Sehstörungen und Atemnot. Sie ist Mutter von sechs Kindern. Drei von den Kindern sind hier, die anderen in der Türkei geboren.

„Wie sind Ihre Kontakte zu den Deutschen?" frage ich sie.

Darauf erzählt sie, seufzt und klagt: „Hier gibt es keine nachbarschaftliche Hilfe. Ich weiß nicht, ob wir uns nicht anpassen konnten oder die Deutschen. Ich wünsche mir, daß ich mit meinen Sorgen zu meiner Nachbarin gehen kann. Und wenn ich etwas brauche, borgen kann, oder umgekehrt, soll sie was von mir holen. So was gibt es hier nicht. Wenn einer von uns ins Krankenhaus muß, sind wir hilflos, keiner steht uns bei. Wenn wir in der Türkei wären, würden alle helfen."

– Frau Güneş, waren Sie hier berufstätig?

– Nein. Ich bin als Frau eines Arbeiters hierher gekommen. Dann kamen die Kinder auf die Welt. Außerdem wollte ich auch nie arbeiten. Die Berufstätigkeit der Frau ist von unserer Religion verboten. Daran glaube ich.

– Wie denken Sie über die Frauen, die berufstätig sind?

– Die grüßen uns nicht mehr, wenn sie ein wenig Geld verdienen.

– Wer ist in der Familie verantwortlich?

– Mein Mann. Was kann die Frau machen, wenn er nicht befiehlt und sagt, was zu tun ist?

– Und wenn er etwas Falsches befiehlt?

– Dann denke ich darüber nach. Aber ich bin dazu da, seine Befehle auszuführen. Bei uns ist die Ordnung so. Bei meinen Eltern habe ich es so erlebt.

– Mögen Sie die Bundesrepublik?

– Kann man die Bundesrepublik mögen? Hier gibt es eine andere Religion, eine andere Sprache. Die Leute unterhalten sich, wir schauen wie die Dummen zu, ob sie gut oder schlecht über uns reden, wissen wir nicht.

– Aber Sie wohnen doch hier!

– Wir müssen, denn hier werden wir satt. Deswegen halten wir das alles aus.

– Warum lernen Sie nicht Deutsch?

– Mein Kopf taugt nicht dafür. Man muß das Eisen schmieden, solange es heiß ist. Ich bin zu alt. Jetzt kann ich nicht mehr Deutsch lernen.

– Was ist mit Ihrem Kopf, warum können Sie nicht lernen?

– Mir gehen sehr viele Gedanken durch den Kopf: Wie lange werden wir noch hierbleiben? Was passiert, wenn wir in die Türkei zurückgehen? Wir haben dort ein Haus gebaut. Werden wir dort wohnen können, bevor wir sterben? Über das alles denke ich nach. Wir haben Kinder. Was sollen sie essen, was werden sie anziehen? In der Türkei kann man nicht leben, aber hier auch nicht. So habe ich in meinem Kopf keinen Platz mehr, um noch Deutsch zu lernen. Auf der anderen Seite sprechen wir auch auf der Straße Türkisch. Wir wohnen nicht mit Deutschen zusammen.

– Wie finden Sie die deutschen Frauen?

– Sie wollen gut leben. „Ich will heute etwas Gutes haben. Ich will tanzen gehen", sagen sie. Sie denken nicht häuslich. Sie sind ganz anders als wir, und wir sind anders als sie. Sie sind unabhängig. Sie lassen sich nichts von ihren Männern befehlen, machen, was sie wollen.

– Ist es denn nicht schön, unabhängig zu sein?

– Das ist schön, aber man muß sich irgendwo binden. Ich muß tun, was mein Mann sagt.

– Wie würden Sie reagieren, wenn eines Ihrer Kinder einen Deutschen heiraten würde?

– Das kann sein, daß eines so heiratet, da kann ich nichts machen. Wenn der Deutsche Moslem wird, geht das.

– Und wenn jeder bei seiner Religion bleibt, was ist dann?

– Dann müssen sie sich trennen. Sie dürfen keine Familie gründen. Ein Ungläubiger und ein Moslem dürfen nicht auf demselben Kissen schlafen.

– Wenn sie sich nicht trennen?

– Dann verstoße ich mein Kind.

– Kommt nicht die Liebe an erster Stelle?

– Zuerst kommt die Religion. Kann man denn überhaupt einen Ungläubigen lieben?

– Wenn Sie bei einem Deutschen zu Besuch sind, essen Sie da gar nichts?

– Ihren Tee trinke ich schon. Aber ihre Speisen kann man nicht essen. Denn sie essen alles, wir nicht.

– Aber die Kinder gehen in die deutsche Schule. Dort geben deutsche Lehrer Unterricht.

– Und wir sind zu Hause. Wir erziehen sie um, so gut wir das können. Du mußt alle Arten von Sünde kennen, darfst aber nicht selber sündigen.

– Wie sollen die Kinder sich da noch auskennen: zu Hause Sie, in der Schule der Lehrer!

– Allah wird ihnen helfen . . .

Herr Güneş verfolgt unser Gespräch schweigend: er scheint einverstanden zu sein. Auf meine Frage, was er zu den Ausführungen seiner Frau meine, antwortet er: „Ich bin ganz ihrer Ansicht. Was haben wir bis heute alles durchgemacht! Aus Armut konnte ich in der Türkei überhaupt nicht in die Schule gehen. Das Alphabet habe ich beiläufig da und dort gelernt. Mein Vater hatte nicht einmal das Geld, um mir einen Anzug zu kaufen. Wir waren fünf Geschwister. Bis zu meinem 17. Lebensjahr habe ich keinen Anzug, keine Lederschuhe gekannt. Wenn ich an diese Tage denke, danke ich Gott, daß ich heute anders leben kann."

Es ist schon fast 22 Uhr. Die Söhne kommen einer nach dem anderen heim. Die Töchter sind sowieso seit dem frühen Abend im Haus. Die älteste Tochter hat sich ein Kopftuch ganz fest umgebunden. Sie bewirtet uns laufend mit Tee, und wenn sie zwischendurch Zeit hat, setzt sie sich auf ihren Stuhl und macht Handarbeiten. Sie ist erst 14 Jahre alt, benimmt sich aber so, als ob jeden Augenblick jemand kommen und um ihre Hand anhalten könnte. Sie wird sich bald genauso verhalten wie ihre Mutter, die der Ansicht ist, ein Mädchen könne abends nicht aus dem Haus gehen.

„Es gehört sich, daß sie bei ihrer Mutter bleiben", sagt sie.

Der Arbeitsbeginn rückt näher. Der Vater, als einziger berufstätig, sieht jetzt unzufriedener aus. Seine Augen sind kleiner geworden. In seinem Gesicht spiegelt sich seine schlechte Laune. 14 Jahre unter Tage haben ihn müde gemacht, und er geht nur widerwillig zur Arbeit. Die Mutter schickt die Kinder ins Bett und führt zugleich die Anweisungen ihres Mannes aus. Sie bereitet für ihn das Nötigste vor. Das ist ihr ganzes Leben. Ihre Welt ist klein geworden und wird ständig kleiner. Die Kinder gehen zur Schule, danach spielen sie auf der Straße mit ihren Freunden. Die Mutter trifft sich nach der Hausarbeit auf der Straße mit den türkischen Frauen und plaudert mit ihnen. Der Vater geht zur Nachtschicht, kommt morgens zurück. Jeder geht seinen Weg für sich, alles dreht sich im Kreis. Ereignisse wie ein Kino- oder Theaterbesuch oder andere kulturell-gesellschaftliche Veranstaltungen haben in ihrem Leben keinen Platz.

Frauen ohne Beruf sind nur halbe Menschen!

Die meisten Türkinnen in der Taubenstraße sind Hausfrauen. Aber nicht alle haben sich damit abgefunden. Manche betonen, daß sie gern arbeiten würden, aber ihre Männer sind dagegen.

Frau H. Çetiner stammt aus Kars. Sie ist Mutter von drei Kindern und zog 1974 zu ihrem Mann.

– Frau Çetiner, sind Sie gern Hausfrau?

– Nein, ich würde lieber arbeiten gehen. Die Hausarbeit hat nie ein Ende. Den berufstätigen Frauen geht es besser als uns. Sie benehmen sich anders, sie unterhalten sich anders. Sie haben mehr Selbstvertrauen.

– Wenn Sie berufstätig wären, wer würde dann die Hausarbeit erledigen?

– Ich könnte das mit meinem Mann zusammen machen. Er könnte mir helfen.

– Können Sie Nachteile des Hausfrauendaseins schildern?

– Wir sind ängstlich und zurückhaltend. Wenn der Postbote oder andere Leute kommen, verstehen wir nicht, was sie sagen. Wir haben Angst, etwas Falsches zu machen. Wir verstehen gar nichts und sagen zu allem „nein". Die Frauen ohne Beruf sind nur halbe Menschen. Zum Beispiel, wenn mein Mann krank wäre, könnte ich kein Geld von der Bank abheben und unsere Geschäfte erledigen. Offen gestanden können wir, wenn unsere Männer noch nicht von der Arbeit zurück sind, nicht zum Arzt und uns untersuchen lassen.

– Haben Sie den Wunsch, im Beruf zu arbeiten, schon einmal geäußert?

– Ich wollte schon, aber mein Mann wollte nicht. „Wenn du arbeiten willst, arbeite zu Hause. Mein Geld reicht aus", hat er gesagt. Glauben Sie mir, ich will nicht wegen des Geldes arbeiten. Eine Zeitlang hat mein Mann, als er von der Arbeit nach Hause kam, sich sehr geziert, sich nur bedienen lassen. Ich möchte auch berufstätig sein. Ich will sehen, ob ich dann nach der Arbeit auch so traurig bin und so verwöhnt werde wie er.

– Warum verbietet Ihnen Ihr Ehemann, in einem Beruf zu arbeiten?

– Erstens ist es Eifersucht. Bei unseren türkischen Männern ist das sehr verbreitet. Zweitens wollen sie nicht, daß die Hausarbeit liegenbleibt. Sie wollen, daß im Haus Ordnung ist. Ich glaube, daß das alles nicht richtig ist.

„Die Berufstätigkeit der Frau kränkt unsere Ehre."

Seine Haare sind ganz weiß, er hat kein einziges schwarzes Haar mehr darunter. Auf der August-Bebel-Straße eilt er fast im Laufschritt in Richtung Stadtzentrum. Ich hole ihn ein, grüße ihn, mache mich bekannt und füge hinzu, daß ich gern mit ihm sprechen möchte. Er ist freundlich, will aber seinen Lohn abholen, bevor die Banken schließen. Als ich ihm sage, daß ich ihn bis zur Bank fahren könne, freut er sich sehr.

„Von dort gehen wir zu mir nach Hause. Wir können einen Kaffee trinken und uns unterhalten", sagt er.

Im Auto unterhalten wir uns schon so vertraut, als ob wir uns lange Jahre kennen würden. In einem Atemzug erzählt er mir seine Lebensgeschichte. R. Karaaslan wurde 1931 in Kastamonu geboren. 1965 kam er als Schreiner nach Deutschland, 1975 holte er seine Frau nach. Seine drei Kinder ließ er in der Türkei zurück. Seit 17 Jahren arbeitet er im Bergwerk unter Tage.

„Als ich auf dem Bau arbeitete, wurde ich 1966 arbeitslos. Türkische Freunde haben mich gedrängt, im Bergbau zu arbeiten. Sie sagten, dort würde man gut verdienen. Am Anfang hat mich das nicht gereizt; ich hatte Angst davor und habe andere Arbeiten gesucht. Wegen der Krise konnte ich nichts finden. Dann habe ich mich dazu entschlossen, doch ins Bergwerk zu gehen. Dort habe ich über Tage angefangen. Nach drei Monaten wollte der Vorarbeiter mich zu einer Arbeit unter Tage schicken; ich sollte dort besser verdienen. Ich wollte nicht, aber die Arbeitskollegen drängten mich: ‚Nur keine Angst, das Geld, das man unter Tage bekommt, ist besser als alles andere.' Da habe ich mich überzeugen lassen. Der Vorarbeiter rief daraufhin den Abteilungsleiter an, bekam aber eine negative Antwort;

es seien keine Stellen mehr frei. Der Vorarbeiter sagte ihm: ,Das ist ein guter Kollege. An seiner Stelle haben früher drei Personen gearbeitet, jetzt macht er die ganze Arbeit allein. Er ist fleißig, laß uns ihn nicht verlieren.' Danach haben sie mich für die Arbeit unter Tage eingestellt. Seitdem arbeite ich dort. Damals konnte ich 100 kg schwere Eisenbalken tragen, wenn mir noch einer geholfen hat. Ich kannte keine Müdigkeit. Manchmal ging ich sogar nach Feierabend noch auf die Baustelle. Weil ich soviel gearbeitet habe, konnte ich 1977, als ich zum Urlaub in die Türkei fuhr, 16 000 DM mitnehmen."

– Warum haben Sie soviel gearbeitet?

– Als ich noch in der Türkei war, war ich sehr arm. Manchmal mußte ich sogar barfuß herumlaufen.

– Arbeitet Ihre Frau mit?

– Ich erlaube ihr nicht, im Beruf zu arbeiten. Das kränkt unsere Ehre! Es ist nicht gut, wenn die Frauen mit den Männern zusammenarbeiten. Meine Ehefrau soll nicht unter dem Befehl von Fremden stehen.

– Wie Sie wissen, arbeiten hier viele Frauen.

– Wenn diese Männer unsere Religion besser kennen würden, würden sie das ihren Frauen nicht erlauben. Eine Ehefrau darf nur in ihrem Haus arbeiten; sie muß unter dem Befehl ihres Ehemannes leben. Was nützt eine Ehefrau, die nicht unter dem Befehl des Ehemannes steht?

– Und wer gibt dem Ehemann die Befehle?

– Er steht unter Gottes Gebot.

– Wer hat dem Ehemann das Recht zum Befehlen gegeben?

– Er hat es von Gott!

Während unseres Gesprächs sind wir angekommen. Wir steigen die abgenutzten Treppen hinauf. Im zweiten Stock öffnet sich eine Tür. Dahinter steht eine alte Frau mit Kopftuch. Als sich mich sieht, tritt sie einige Schritte zurück und senkt den Blick zu Boden.

Die Wohnung besteht aus zwei ineinanderübergehenden Zimmern. Die Wände sind ziemlich schmutzig. An einigen Stellen fällt die Tapete herab. Die Kleider hängen an den Wänden, auf den Sesseln sind alte Wolldecken ausgebreitet.

„Die Einrichtung finde ich unwichtig. Was wir kaufen, wird hierbleiben. Deswegen habe ich alte Möbel gekauft", sagt er. Während er spricht, breitet er alte Zeitungen auf dem kleinen Eßtisch aus. „Frau, bring uns, was du zubereitet hast, wir wollen essen", sagt er.

Die Frau ist sehr scheu und macht einen bedrückten Eindruck. Sie hat Angst davor, den Mund aufzumachen. Sie versteckt sich unter ihrem Kopftuch. Ich habe den Eindruck, als ob sie nie unter Menschen käme, sich nie unterhalten würde.

Ich frage sie, ob sie, seit sie hier ist, nie hätte arbeiten wollen. Sie denkt lange nach und antwortet dann mit sehr leiser Stimme: „Ich wollte nicht. Auch wenn ich gewollt hätte, der Mann hätte mir das nicht erlaubt. Unsere Männer sind sehr eifersüchtig. Ich sitze bis zum Abend im Haus und langweile mich. In diesem fremden Land kann ich nirgends hingehen. Ich bin ungebildet, ich kann nicht lesen und schreiben. Einkaufen kann ich nur in türkischen Läden. Ich kann allein nicht einmal bis zur nächsten Stadt, nach Kamen, fahren."

Ich frage R. Karaaslan: „Kann Ihre Frau, wenn Sie einmal krank sind, bei der Bank Geld abheben?"

„Das kann sie nicht", sagt er. „Sie ist ungebildet. Aber sie erledigt den Haushalt bestens. Wenn ich von der Arbeit nach Hause komme, bringt sie mir gleich mein Essen. Sie wäscht meine Wäsche, ich muß mich nicht selbst um die Hausarbeit kümmern."

Ich kann der Frau ansehen, wie sehr sie sich schämt, wenn ihr Mann das Wort „ungebildet" gebraucht. Am liebsten würde sie im Erdboden verschwinden. Als ihr Mann dann sagt: „Sie ist dumm, aber die Kinder sind dennoch intelligent geworden", zieht sie ihr Kopftuch zurecht und verschwindet lautlos in der Küche.

Frauen in der Fischfabrik

Die Frau hinten, der Mann vorne, kommen sie mir auf der Treppe entgegen. Wir kennen uns schon, deswegen frage ich ohne Umschweife, wohin sie unterwegs seien. Er antwortet: „Wir gehen zum Büro, um Arbeit für meine Frau zu finden. Wir haben gehört, daß hier Arbeiterinnen gesucht werden."

Die Fischfabrik in Bergkamen-Oberaden. Sie sieht von außen sauber und gepflegt aus, doch als ich durch die Tür trete, schlägt mir der schwere Fischgeruch entgegen. Das reicht schon, um einem den Appetit zu verderben. Der Fußboden ist glitschig; an manchen Stellen steht das Wasser so hoch, daß die Schuhe durch und durch naß werden. Wegen der lauten Maschinen kann man sich nur mit Mühe unterhalten. In manchen Abteilungen ist es heiß, in anderen sehr kalt. Fast alle, die an den Werktischen, Hände und Füße im Wasser, arbeiten, sind Frauen. Obwohl sie von Kopf bis Fuß in der gleichen weißen Arbeitskleidung stecken, erkennt man die Türkinnen an ihren Gesichtern und ihrer Hautfarbe. Ich gehe zu einer der Arbeiterinnen, wünsche ihr „kolay gelsin" („die Arbeit möge dir leicht fallen" – das sagt man, wenn man jemanden bei der Arbeit begrüßt) und frage sie, ob ihre Arbeit sehr schwer sei. „Die türkischen Frauen arbeiten immer dort, wo die Arbeit miserabel ist. Da wir nun einmal hier sind, sind wir ganz bestimmt auch minderwertig", antwortet sie.

In dieser Fabrik sind 267 Arbeitskräfte beschäftigt; 248 davon sind Frauen, die Hälfte Türkinnen. Es wird Akkord gearbeitet. Der Stundenlohn beträgt 8,59 DM, wird aber in manchen Fällen bis auf 13 DM erhöht. Eine Betriebsrätin erklärt mir, warum hier so viele türkische Frauen arbeiten: „Wie Sie gemerkt haben, kommt aus jeder Abteilung ein anderer Geruch. Die Arbeit ist schmutzig und ölig. Die meisten Frauen leiden an Grippe und Rheuma, weil sie sich bei der Arbeit erkälten. Deswegen haben die deutschen Frauen und andere Ausländerinnen kein Interesse an dieser Arbeit." Eine der Türkinnen erklärt den hohen Prozentsatz ihrer Landsleute folgendermaßen: „Sie stellen uns ein, weil wir sehr viel arbeiten. Wir nehmen alles auf uns. Die deutschen Frauen rauchen, wenn sie wollen. Aber wir trauen uns nicht, denn wir sind hier Fremde."

Es ist 12 Uhr. Die Arbeiterinnen eilen mit ihren Brottüten in der Hand zu den Tischen. Die stickige Luft breitet sich im Nu im Speisesaal aus. Sie sitzen in kleinen Gruppen an den Tischen und nehmen ihr Essen zu sich. Die meisten essen Tomaten, Trauben und sauer eingelegtes Gemüse. Manche haben Essen vom Vorabend mitgebracht. Sie unterhalten sich nebenbei. Einige rechnen sich aus, wieviel ihnen zum Monatsende ausbezahlt wird. Andere erzählen die neuesten Nachrichten von ihren Angehörigen in der Türkei. Manche sitzen nur da und hören zu.

Ich sitze mit fünf Frauen an einem Tisch. Fast alle stammen aus der Gegend von Zonguldak und Kütahya. Die Frau mir gegenüber erzählt, sie arbeite seit fünf Jahren in dieser Fabrik.

– Wieviel Lohn bekommen Sie?

– Zwischen 900 und 1000 DM. Ich habe mit 7,31 DM die Stunde angefangen, jetzt bekomme ich 8,59 DM. In fünf Jahren hat sich mein Stundenlohn nur um 1 Mark erhöht.

– Warum arbeiten hier so viele türkische Frauen?

– Wir haben keine Ausbildung, deswegen müssen wir mit dieser Arbeit zufrieden sein. Hier fragt man nicht danach, ob wir Deutsch können oder nicht. Es reicht aus, wenn die Frauen den Weg hierher und zurück finden.

– Stört Sie der Gestank nicht?

– Wir haben uns daran gewöhnt.

– Können Sie sich krankschreiben lassen, wenn Sie mal krank werden?

– Wenn wir nur mal zwei Wochen krankfeiern, werden wir gekündigt.

– Ißt jemand von Ihnen auch Schweinefleisch?

– Wenn wir hören, daß einer Schweinefleisch ißt, sind wir auf ihn böse. Wir wollen uns nicht an Tische setzen, an denen einer Schweinefleisch ißt. Deutsche und Türken sitzen an getrennten Tischen.

Während der kurzen Mittagspause habe ich mich mit zwanzig türkischen Frauen unterhalten. Zur Zeit denkt keine von ihnen daran, in die Türkei zurückzukehren. Ich frage sie, ob sie weiterarbeiten würden, wenn sie in die Türkei zurückgekehrt wären. Sie sagen: „Wie sollen wir noch arbeiten, mit welcher Kraft?", beklagen sich über ihre schlechte Gesundheit. Eine von ihnen meint: „Unsere Füße werden nicht mehr warm, auch wenn wir zu Hause sind. Wir haben viele Frauenkrankheiten bekommen, darüber können wir mit Ihnen aber nicht sprechen. Rheuma ist ganz alltäglich. Das alles kommt davon, weil wir während der Arbeit immer im Wasser stehen müssen. So vergeht unser Leben."

„Ein Hund hat es besser als wir Frauen, denn hier gelten die Hunde mehr. Ich werde bald wahnsinnig, wie soll das nur weitergehen? Ich habe alle meine Lebensfreude verloren. Ich habe vergessen, daß ich eine Frau bin. Meine Gefühle sind abgestumpft. Seit acht Jahren arbeite ich hier, mache diese schwere Arbeit. Ich habe Angst davor, daß man mit mir schimpft. Deswegen habe ich jede Arbeit gemacht, die sie mir gegeben haben. Ich bin krank geworden, habe Blut verloren. Ich habe Angst, arbeitslos zu werden. Deswegen bin ich nicht zum Arzt gegangen. Meine fünf Kinder und mein arbeitsloser Mann sind von dem Geld abhängig, das ich verdiene. Jetzt habe ich drei chronische Krankheiten. Das sind die Geschenke der Fabrik an mich." Das ist der Klageruf einer türkischen Mutter. „Bitte schreiben

Sie meinen Namen nicht", sagt sie. „Über das alles habe ich seit langem mit niemandem gesprochen. Jetzt habe ich es Ihnen erzählt."

Eine türkische Arbeiterin, die seit fünf Jahren in der Fischfabrik beschäftigt ist, sagt: „Wenn wir woanders Arbeit gefunden hätten, wären wir nicht hier. Die Deutschen gehen schon nach ein, zwei Tagen wieder weg. Wir können nicht weggehen, weil wir wissen, daß wir dann arbeitslos sind ..."

„Ich habe immer Angst."

Im allgemeinen ist es einfach, mit den Menschen ins Gespräch zu kommen. Aber mit türkischen Mädchen zu sprechen ist sehr schwer. Sie gehen fast im Laufschritt, wirken scheu und ängstlich. Wenn sie überhaupt mal ausgehen, dann zumeist in Gruppen oder zusammen mit ihren Geschwistern. Spätestens um 19 Uhr ziehen sie sich in die Wohnungen zurück.

Ohne die Hilfe von Schulen und Berufsbildungsorganisationen wäre es mir kaum möglich gewesen, die Probleme der türkischen Mädchen aus erster Hand kennenzulernen. So aber konnte ich in Bergkamen und Umgebung auch mit 38 türkischen Mädchen zwischen 16 und 19 Jahren sprechen. Sie alle betonten, daß ihr Leben durch die Unterdrückung, die sie von ihren Eltern und durch ihre Umgebung erfahren, geprägt sei. Ihre Probleme verdichten sich an den folgenden Punkten: An erster Stelle kommen die Angst vor der Arbeitslosigkeit und die Sorgen wegen der Unsicherheit ihrer Zukunft. Sowohl diejenigen, die eine Berufsausbildung machen, als auch jene, die zu Hause leben, teilen diese Sorgen. Als zweites Problem ist der Druck im Elternhaus und im sozialen Umfeld zu nennen. Die Mädchen beklagten sich bitter darüber, daß sie immer und überall kontrolliert werden und daß ihnen ihr Leben dadurch verleidet wird. An dritter Stelle nennen sie die unterschiedliche Behandlung von Jungen und Mädchen im Elternhaus. Sie erzählten mir, daß dies ihre persönliche Entwicklung hemme. Sie werden zu Passivität und zu einer unterwürfigen Haltung gegenüber Ungerechtigkeiten gezwungen. Sie sind dazu bestimmt, in Zukunft als Frauen alles über sich ergehen zu lassen.

G. K. ist 1966 in Yozgat geboren. 1980 kam sie mit ihrer Mutter nach Bergkamen. Hier arbeitet ihr Vater

als Bergmann. Sie hat die Mittelschule in Ankara bis
zur zweiten Klasse besucht. Vier Wochen nach ihrer
Ankunft in der Bundesrepublik wurde sie in die sechste
Hauptschulklasse eingeschult. Nach der 8. Klasse ging
sie zur Berufsschule, um Friseuse zu lernen. Nach Abschluß der Lehre fand sie keinen Arbeitsplatz in ihrem
Beruf. Sie arbeitete zunächst sechs Monate in einem

Lebensmittelgeschäft als Verkäuferin und fand dann mit Hilfe von Bekannten eine Schneiderlehre.

– Was meinen Sie, haben Sie nach dieser Lehre die Chance, eine Arbeit zu finden?

– Ich weiß nicht, die Zukunft ist unsicher. Es wird immer gesagt: „Wenn ihr eine Lehre macht, gibt es Arbeitsplätze", aber das stimmt nicht. Ich habe viele Bekannte, und obwohl sie einen Beruf gelernt haben, konnten sie immer noch keine Arbeit finden. Ich fürchte, mir wird es auch so ergehen, wenn ich die Ausbildung hinter mir habe.

– Wie viele Geschwister haben Sie?

– Wir sind 4 Geschwister, 2 Jungen, 2 Mädchen.

– Werden bei Ihnen zu Hause Jungen und Mädchen unterschiedlich behandelt?

– Ja, sehr unterschiedlich. Mein Bruder ist gerade 17 geworden. Er ist bis 11 Uhr nachts draußen, manchmal sogar bis 12 Uhr. Aber wir Mädchen müssen nach der Arbeit gleich nach Hause kommen. Meine Mutter sagt, sonst würden die Nachbarn reden, und das sei nicht gut für uns. Das würde unserem Ruf schaden.

– Was halten Sie von dieser Haltung?

– Nach meiner Auffassung ist das grundfalsch. Wir sind vernünftig und wissen, was wir machen. Es ist ein Unrecht, wie wir unterdrückt werden. Auch später werden wir uns nicht wehren, weil wir uns daran gewöhnt haben. So war es früher, so wird es auch später sein, werden wir denken. Was man uns heute antut, werden wir später an unsere Kinder weitergeben. Auch wenn wir das nicht wollen. Was ich darüber denke, kann ich niemandem erklären.

– Wenn Sie es trotzdem zu erklären versuchen, was würde man dann sagen?

– Sie werden wütend, finden das ungehörig, sagen: „Du bist eine Hure." Sie werden mir erklären, daß ich als Mädchen das alles nicht aussprechen darf. Was die Frau auch sagt, „ihr Verstand ist kurz", heißt es.

– Haben Sie einen Freund?

– Ich habe keinen Freund.

– Warum?

– Wegen der Unterdrückung der Mädchen. Wenn ich jetzt mit jemandem gehe, wird er mich später, wenn ich heirate, auch unterdrücken. Wenn ich mich dann von ihm trennen will, werden mich meine Eltern zurückweisen. Deswegen muß ich den Mann heiraten, den mir meine Eltern aussuchen. Obwohl ich daran glaube, daß das nicht richtig ist, muß ich das machen, denn der soziale Druck und die Unterdrückung durch meine Eltern zwingen mich dazu, das zu akzeptieren. Zugleich kann ich in Zukunft, wenn ich mich von dem Mann scheiden lasse, den sie mir ausgesucht haben, von meiner Familie verlangen, daß sie mich wieder aufnimmt. Wenn ich also keine Arbeitsstelle finde, kann ich zu meiner Familie zurückgehen. Das ist eine lange Geschichte. Tausende von Mädchen haben dieselben Sorgen . . .

– Sie wissen ja nicht, wen Ihre Eltern für Sie aussuchen werden.

– Das stimmt schon. Aber wenn ich mit jemandem eine Freundschaft anfange, kennen meine Eltern den nicht. Sie vertrauen nicht darauf, was ich von ihm halte. Sie verstehen nicht, daß ich mit dem Mann leben muß, nicht sie.

– Haben Sie schon mal einen jungen Mann kennengelernt, der Ihnen gefallen hat?

– Bis jetzt hat mir keiner gefallen. Einige fanden mich nett.

– Ist es nicht schwer, allein zu leben?

– Es fällt mir schon schwer, aber unter dem Druck wird einem alles gleichgültig. Ich fange schon an, alles einfach hinzunehmen. Andere dürfen, was ich nicht darf, das macht mich unzufrieden. Manchmal liege ich die ganze Nacht über wach. Ich bin so erzogen, daß ich auch daran glaube, daß das alles schon seine Ordnung hat. Deswegen fällt es mir auch sehr schwer, mich anzupassen.

– Dürfen Sie allein spazierengehen?

– Nein, nur mit meinen Freundinnen. Ich habe deutsche und türkische Freundinnen. Mit den deutschen Mädchen kann ich offen reden, aber mit den türkischen Freundinnen kann ich das nicht.

– Hat Ihr Bruder eine Freundin?

– Ja, hat er.

– Eine Deutsche?

– Eine Deutsche. Meine Familie findet das in Ordnung. Sie will das Mädchen sogar sehen.

– Haben denn Ihre Eltern, als sie jung waren, gar nichts erlebt?

– Sie haben schon einiges erlebt. Aber besonders meinem Vater kann ich überhaupt nichts erklären.

– Was machen Sie in Ihrer Freizeit?

– Lesen. Romane. Seit ich aus der Türkei gekommen bin, war ich nicht einmal in einem Café, einem Kino oder einem Theater.

– Kennen Sie Bergkamen?

– Ich wohne seit drei Jahren hier. Aber weil ich nicht allein auf die Straße darf, kenne ich gar nichts hier.

– Wie fühlen Sie sich, wenn Sie nicht nach draußen dürfen wie die deutschen Mädchen?

– Ich bin anders als die Menschen draußen. Ich will immer gleich wieder nach Hause. Ich glaube immer, daß sie mich anschauen, weil mir etwas fehlt. Ich habe immer Angst. Als ich zu arbeiten anfing, habe ich gemerkt, daß die anderen genauso sind wie ich. Ich bin auch ein Mensch. Ich bin nicht anders als andere Menschen. Jetzt kann ich mich auch gegenüber meiner Familie behaupten, ich kann sagen, das finde ich richtig, das falsch.

– Wollen Sie für immer in die Türkei zurück?

– Nein, das will ich nicht. Wenn ich dorthin zurückgehe, werden unsere Bekannten Druck auf meine Familie ausüben, und ich werde wieder verkümmern.

– Wenn Ihre Familie zurückgeht?!

– Dann muß ich mitgehen!

N. S. wurde 1967 in Zonguldak geboren. Sie ging bis zur achten Klasse in die Schule, interessiert sich für Gartenbau und lernt Gärtnerei. Ihre Mutter ist Analphabetin, ihr Vater ist Bergmann, sie hat sechs Geschwister.

N. S. sitzt mit einer deutschen Arbeitskollegin im Vorgarten der Berufsschule. Sie ist anders gekleidet als die meisten türkischen Mädchen. Man sieht ihr an, daß sie sich in der Bundesrepublik integriert hat, aber schon nach den ersten Sätzen merke ich, daß sie nicht gut Türkisch spricht. Daraufhin spreche ich langsamer und benutze die alte türkische Sprache, Wörter, die sie von ihren Eltern kennt. Trotzdem muß ich manchmal die Sätze wiederholen, die sie nicht versteht.

– Welche Beziehungen haben Sie zu den Deutschen?

– Am Arbeitsplatz verstehen wir uns sehr gut. Aber ich kann sie nicht in ihrer Wohnung besuchen. Das ist bei uns verboten. Ich habe hier keine Freundinnen, mit denen ich spazierengehen kann.

– Wie lange dürfen Sie draußen sein?

– Ich gehe gar nicht aus. Ich darf ohne meine Mutter nirgendwo hingehen. Meine Eltern erlauben mir das nicht, weil sie meinen, daß ich sonst auf die schiefe Bahn gerate. Sie befürchten, daß ich mich den Deutschen anpasse, Alkohol trinke, in die Diskotheken gehe.

– Haben Ihre Eltern mit diesen Befürchtungen recht?

– Vielleicht, vielleicht auch nicht. Ich will ein bißchen herumkommen, mit Freunden zusammensein. Meine Eltern sollten Vertrauen zu mir haben. Im Hause denke ich immer wieder darüber nach. Ich kann meine Sorgen nicht mit einer Freundin teilen. In der Schule fühle ich mich weniger eingeengt.

– Können Sie sich nicht mit Ihrer Mutter unterhalten?

– Ich frage sie gar nicht. Wenn ich in mein Zimmer gehe und weine, fragt sie mich auch nicht. Ich möchte offen zu ihr sein, denn ich brauche ihre Hilfe. Die deutschen Eltern helfen ihren Kindern. Wenn ich von der Arbeit komme, finde ich Berge von schmutzigem Geschirr vor. Sie sagen mir nie, setz dich mal hin und ruh dich aus.

– Bekommen Sie Taschengeld?

– Nein, wenn ich etwas brauche, kaufen sie's mir. Aber meinem älteren Bruder gibt meine Mutter heimlich Taschengeld.

– Würden Sie für immer in die Türkei zurückgehen wollen?

– Meine Eltern wollen in die Türkei zurück. Wenn ich die Lage in der Türkei sehe, bekomme ich Angst. Meine ältere Schwester hat einen Mann aus der Türkei geheiratet. Sie kannte ihn vorher gar nicht. Jetzt ist ihr Mann in der Türkei, sie selbst ist hier. Als sie damals zu uns kamen, um um die Hand meiner Schwester anzuhalten, hatte man uns diesen jungen Mann als Elektriker vorgestellt. Das war er aber gar nicht; er ist ein Taugenichts. Ich fürchte mich davor, daß mir auch so etwas passiert, wenn meine Eltern mich mit jemandem verheiraten, den ich nicht kenne.

– Was gefällt Ihnen im allgemeinen in der Bundesrepublik?

– Die Familiensituation, da ist Liebe, Wärme und Freiheit. Sie haben Vertrauen in ihre Töchter, daß sie nicht etwas Falsches machen.

– Was gefällt Ihnen nicht?

– Nur als Fremde zusammenzuleben, die Frauen zu schwängern und dann sitzenzulassen.

– Sie sind seit Ihrem zweiten Lebensjahr ständig in der Bundesrepublik. Essen Sie Schweinefleisch?

– Nein, das ist verboten.

– Waren Sie schon einmal in einer Diskothek?

– Nein, noch nie. Ich habe so was nur im Fernsehen gesehen. Wenn meine Mutter es erlaubt, schau ich bei Freunden fern. Rock 'n' Roll mag ich gern.

– Sind Sie zum Koran-Kurs gegangen?

– Mit 10, 11 Jahren bin ich hingegangen. Jetzt habe ich das meiste davon vergessen, denn das hat mir nichts genützt.

– Was wollen Sie später machen?

– Ich möchte selbst Geld verdienen und leben, ohne von jemandem abhängig zu sein.

S. ist 1967 in Zonguldak geboren, sieht aber älter als 17 aus. 1979 zog sie zu ihrem Vater in die Bundesrepublik. Er arbeitet seit 14 Jahren als Bergarbeiter. Sie lebte hier eine Zeitlang, konnte sich nicht an das hiesige Leben gewöhnen und mußte wieder in die Türkei zurückkehren. Dort ging sie bis zur vierten Klasse in die Schule. Ihre Eltern holten sie 1982 mit der Begründung, sie sei schon groß und jemand müsse sich um sie kümmern, wieder in die Bundesrepublik. Ihre Mutter kann weder lesen noch schreiben.

Als wir uns in einem Raum der Berufsschule unterhalten, habe ich den Eindruck, daß sie alles, was sie erlebt hat und weiß, loswerden möchte. Sie wirkt auf mich, als hätte sie schon in diesem Alter die Sorgen aller Menschen auf sich geladen.

– Haben Sie deutsche Freunde oder Freundinnen?

– Ich habe Freundinnen. Freunde habe ich nicht, das paßt nicht zu unserer Einstellung. Mit den Männern verstehen wir uns nicht. Wir sollen immer das tun, was sie wollen. Sie wollen in die Diskos und in Kneipen gehen, aber da dürfen wir nicht hin. Sie sind Deutsche, wir sind Türken!

– Würden Sie einen Deutschen heiraten?

– Niemals, denn sie gehören nicht unserer Religion an. Wenn sie Mohammedaner wären, würde ich darüber nachdenken.

– Wie finden Sie die deutschen Mädchen?

– Sie behandeln mich wie eine gute Freundin, wie eine Schwester. Natürlich gibt es darunter auch welche, die ich nicht mag.

– Mögen Sie die Bundesrepublik?

– Früher mochte ich sie nicht, jetzt mag ich sie. In die Türkei will ich nicht zurück.

– Haben Sie seelische Krisen erlebt?

– Ich hatte sehr schlechte Tage. Ich wollte sogar sterben. Zweimal habe ich zwei Schachteln Tabletten geschluckt. Sie haben mich ins Krankenhaus gebracht und meinen Magen ausgepumpt.

– Warum?

– Ich hatte mich sehr in jemanden verliebt. Meine Eltern haben mir nicht erlaubt, ihn zu heiraten. Sie haben auf mich Druck ausgeübt, um meine Gedanken von ihm abzubringen. Am Ende faßte ich den festen Entschluß, mich zu töten! Ich wollte lieber sterben, statt zu leiden. Die Eltern denken nur an sich. Sie haben doch auch einmal geliebt, aber ihre Kinder wollen sie immer nur unterdrücken. Wenn sie Menschen wären, würden sie den anderen gegenüber Verständnis zeigen. Sie sind ungebildet, deswegen zeigen sie kein Verständnis.

– Werden bei Ihnen in der Familie Mädchen und Jungen unterschiedlich behandelt?

– Wir sind drei Geschwister, zwei Jungen, ein Mädchen. Meine Brüder können gehen, wohin sie wollen. Ich aber muß spätestens um 18 Uhr zu Hause sein. Ich finde das nicht richtig. Wenn ich heiraten sollte, werde ich meine Kinder, wenn ich welche kriege, nicht so leiden lassen. Denn ich habe unter meiner Mutter sehr gelitten.

– Wollen Sie in Zukunft Hausfrau sein oder einen Beruf ausüben?

– Ich weiß schon jetzt, daß ich Hausfrau werde. Ich werde wohl keine Arbeit finden. Vor dem Druck der Eltern werde ich mich in eine Ehe retten, am Ende werde ich unter den Druck meines Mannes geraten.

N. ist 1968 in Afyon geboren. Bis zum Abschluß der 5. Klasse ging sie in der Türkei zur Schule. 1983 zog sie zu ihrer Familie in die Bundesrepublik und konnte hier, trotz der Einwände ihres Vaters, die einjährige Berufsschule besuchen. Ihr Vater arbeitet in einer Metallfabrik, ihre Mutter ist Analphabetin. Sie hat fünf Ge-

schwister, und die Familie wohnt in einer Dreizimmerwohnung ohne warmes Wasser und Bad. Sie beklagt
sich über die Enge der Wohnung: „Drei meiner Geschwister schlafen in einem Zimmer, zwei im Zimmer
meiner Eltern", sagt sie.

– Haben Sie deutsche Freunde?

– Ich kann kein Deutsch. Wie soll ich da deutsche
Freunde haben? In der Straßenbahn hat mich ein Mädchen angesprochen. Sie hat mir etwas gesagt, aber ich
habe es nicht verstanden.

– Besuchen Sie keinen Deutschkurs?

– Mein Vater wollte mich nicht in die Schule schik-
ken. Er will, daß ich immer zu Hause bin.

– Warum?

– Unsere Bekannten haben ihn beeinflußt. Die Gäste,
die uns besuchen, sagen: „Was soll so ein großes Mädchen in der Schule?" Mein Vater hat darauf gehört.

– Denkt Ihre Mutter genauso?

– Nein, meine Mutter wollte, daß ich in die Schule gehe. Sie ist ohne Bildung geblieben und wollte nicht, daß es mir auch so geht. Als sie zu meinem Vater sagte: „Schick das Mädchen doch in die Schule, was soll sie zu Hause?", antwortete er: „In diesem Land ist es nicht gut, die Mädchen in die Schule zu schicken." Meine Eltern haben im Grunde kein Vertrauen zu mir. Wenn ich einmal später aus der Schule komme, werde ich gleich endlos ausgefragt. Mein Vater ist immer noch dagegen, daß ich in die Schule gehe. Wie Sie sehen, trage ich in der Schule kein Kopftuch. Aber zu Hause habe ich das Kopftuch auf. Mein Vater ist sehr böse, daß ich hier ohne Kopftuch herumlaufe.

– Was sagt er?

– Zu mir sagt er nichts, er sagt es immer nur meiner Mutter. Wenn er mit mir schimpft, weine ich. Ich sage meiner Mutter: „Laß mich wenigstens, wenn ich in die Schule gehe, in Ruhe." Das kann ich meinem Vater nicht sagen, ich traue mich nicht.

– Warum trauen Sie sich nicht?

– Mein Vater ist sehr nervös. Außerdem habe ich sehr lange von meinem Vater getrennt in der Türkei gelebt.

– Befürchten Ihre Eltern vielleicht, daß Sie so werden wie die deutschen Mädchen?

– Nein, ich werde nicht wie sie. Ich kann nicht wie die deutschen Mädchen werden. Ich bin anders erzogen worden. Meine Kindheit habe ich im Dorf verbracht.

– Wie finden Sie die deutschen Mädchen?

– Manche sind sehr nett. Aber wenn ich ihre Sprache verstehen könnte, wäre es besser. Ich will lernen. Was ich an den deutschen Mädchen nicht mag, ist, daß sie mit jedem Jungen gehen. Sie denken anders als wir.

– Wie finden Sie das Verhalten Ihres Vaters?

– Daß er verlangt, daß ich ein Kopftuch trage, finde ich nicht richtig. Wenn ich ein Kopftuch trage, schäme ich mich vor den Deutschen. In der Türkei habe ich kein Kopftuch getragen. Ich lebte bei dem Bruder meines Vaters. Er sagte da nichts. Als ich hierherkam, sagten die Leute: „Bedeck deinen Kopf." Sie haben mir sogar vorgeschrieben, wie ich mein Kopftuch binden soll. Ich sagte zu meiner Mutter: „Wenn ihr mich schon zwingt, ein Kopftuch zu tragen, laßt es mich wenigstens so tragen, wie ich will." Meine Mutter sagte: „Binde das Kopftuch richtig, nicht nach hinten, dein Vater wird böse." Sie sind sogar dagegen, daß ich Bücher lese. Sie verlangen, ich soll nur religiöse Bücher lesen.

– Werden Ihre Geschwister auch unterdrückt?

– Nein, die sind noch klein. Ich will Ihnen etwas erzählen: Einmal trug ich zu Hause kein Kopftuch. Meine elfjährige Schwester sagte: „Willst du nicht ein Kopftuch umbinden?" – „Warum trägst du denn kein Kopftuch?" habe ich gefragt. Sie sagte: „Ich bin klein." – „Und ich bin älter", habe ich gesagt. „Laß mich in Ruhe."

– Hätten Sie gern einen deutschen Freund?

– Nein, das ist unmöglich. Ich kann mich mit niemandem außer meiner Landsleute anfreunden. Erstens ist unsere Sprache anders. Zweitens beten die Deutschen Götzenbilder an.

– Können Sie in Ihrer Wohngegend frei herumgehen?

– Ich kann nicht spazierengehen, wann ich will. Nur wenn ich etwas brauche, gehe ich raus. Denn ich bin ein Mädchen.

– Macht das einen Unterschied?

– Bei uns ja. Der Mann kann machen, was er will. Die Frau kann das nicht. Wenn sie das tut, gibt es Streit.

– Wollen Sie in die Türkei zurück?

– Ich möchte schon. Ich mag die Bundesrepublik nicht. Hier ist das Klima anders. Die Speisen, die ich hier koche, schmecken nicht so wie in der Türkei.

F. ist 1966 in Manisa geboren und kam 1970 mit ihrer Mutter zusammen in die Bundesrepublik zu ihrem Vater. Aus ihren Blicken, ihrem Gesicht sprach Traurigkeit. Im Laufe unserer Unterhaltung wurde sie allmählich offener. „Ich habe viel Kummer, was ich zu erzählen hätte, paßt nicht in Bücher", meint sie. „Sie haben mich mit einem jungen Mann verlobt, den ich nicht liebe. Wenn ich das gewußt hätte, hätte ich da nicht mitgemacht."

Ihr Vater ging bis zur fünften Klasse in die Schule, ihre Mutter nur drei Monate. „Mädchen brauchen keine Bildung", sagte ihr Vater und nahm sie von der Schule. „Meine Mutter kann die Zahlen lesen, aber die Briefe muß ich für sie schreiben", fügt F. hinzu.

– Mit vier Jahren sind Sie hierhergekommen und bis zur achten Klasse in die Schule gegangen. Demnach müßten Sie genügend Deutsch können. Haben Sie deutsche Freunde?

– Als ich in den Kindergarten ging, hatte ich deutsche Freunde. Aber jetzt habe ich weder deutsche Freundinnen noch Freunde. Wenn ich will, wollen die nicht.

– Haben Sie Hemmungen davor, mit Deutschen Beziehungen aufzunehmen, Freundschaften zu pflegen?

– Nein. Aber die wollen immer mit uns ausgehen. Ich kann nicht wie sie in die Diskotheken gehen, das wird mir nicht erlaubt.

– Würden Sie einen Deutschen heiraten wollen?

– Nein. Ich lese den Koran. Wer den Koran liest, kann keinen Deutschen heiraten. Da wäre schon das Essen ein Problem. Er will Schweinefleisch, ich nicht. Er trinkt Alkohol, ich nicht. Manche deutschen Männer gehen mit ihren Frauen zum Tanzen. Sie tanzen mal mit der einen, mal mit der anderen Frau. Das ist bei uns verboten. Im Koran steht: „Wer Schweinefleisch ißt, ist nicht auf seine Frau eifersüchtig." Das scheint richtig zu sein. Die Deutschen sind auf ihre Frauen überhaupt nicht eifersüchtig.

– Wollen Sie damit sagen, daß der Mann, den Sie heiraten wollen, auf Sie eifersüchtig sein soll?

– Nein, er soll nicht zu eifersüchtig sein. Sehr eifersüchtig zu sein, ist nicht gut. Bei uns zu Hause wurde die Geschichte erzählt: Ein Mann war auf seine Frau sehr eifersüchtig. Eines Tages waren sie bei Freunden zu Besuch. Während der Unterhaltung hat die Frau gelacht. Daraufhin stand der Mann auf und gab der Frau eine Ohrfeige. Das war sehr ungehörig. Wir kennen eine Familie aus Erzurum. Wenn sie uns besuchen, trinkt die Frau ihren Tee nicht im Beisein der Männer, sie geht zum Teetrinken in die Küche.

– Finden Sie das normal?

– Ich finde das falsch. Nach meiner Meinung muß man gemeinsam essen. Wenn nur Frauen essen, ist es anders. Wenn nur Männer essen, ist es wieder anders. Zum Beispiel gibt es, wenn die Männer essen, ein besseres Essen. Für die Frauen bleiben manchmal nur die Reste oder zuwenig. Wenn alle zusammen am gleichen Tisch essen, schmeckt es besser.

– Was machen Sie in Ihrer Freizeit?

– Jeden Samstag geh' ich in die Moschee zum Korankurs. Einmal habe ich den Koran zu Ende gelesen. Wenn ich in der Türkei wäre, hätte ich das nicht gekonnt. Voriges Jahr, als wir auf Urlaub gefahren sind, habe ich das gesehen. Die Mädchen in meinem Alter können nicht einmal „Bismillah" („Im Namen Gottes") sagen.

– Sie sind verlobt?

– Ein Jahr lang waren wir einander versprochen, vor vier Monaten wurden wir verlobt. Aber ich bin nicht glücklich, ich mag meinen Verlobten nicht. Er ist sehr eifersüchtig, er macht mir Vorschriften. Ich soll nicht dahin, nicht dorthin gehen.

– Kannten Sie sich von früher?

– Ich hatte ihn mal bei einem Beschneidungsfest in Stuttgart gesehen, wir haben damals überhaupt nicht

miteinander gesprochen. Damals war ich sieben, er war
acht Jahre alt. Bis siebzehn habe ich ihn nicht wiederge-
sehen, ich hatte ihn vergessen. 1983 machte sein Vater
in der Türkei Urlaub. Wir stammen aus demselben
Dorf. Da hat sein Vater bei meinem Großvater um meine Hand angehalten. Mein Großvater antwortete ihm:
„Sie hat Eltern, du mußt bei ihren Eltern um die Hand
anhalten." Daraufhin schrieb er aus der Türkei einen
Brief an meine Eltern. Und mein Vater versprach ihm
meine Hand. Hätte er das doch nicht getan!

– Als Ihr Vater Sie dem Mann versprochen hat, hat er
Sie da nicht um Ihre Meinung gefragt?

– Die Frauen fragten mich, ich konnte aber aus
Angst weder „ja" noch „nein" sagen. Ich habe ge-
schwiegen. Dann haben sie gemacht, was sie für richtig
hielten. Wenn ich nicht den Koran gelesen hätte, wäre
mir dieses Unglück nicht passiert. Denn auch der Vater
des jungen Mannes liest den Koran. Wenn ich den Koran nicht lesen könnte, würde er sagen, daß ich meine
Religion nicht kenne, und dann hätte er mich nicht zur
Braut genommen. Ich bin verzweifelt. Einmal habe ich

sogar 4 oder 5 Aspirin geschluckt, aber es ist nichts passiert.

– Liebt Ihr Verlobter Sie?

– Er würde für mich sterben. Er mag meinetwegen zur Hölle fahren, das kümmert mich nicht, er hat mich ins Unglück gestürzt.

– Was wollen Sie jetzt tun?

– Ich weiß nicht. Ich suche jemanden, der mich entführt. Ich habe einen Freund gefunden, habe mich in ihn verliebt. Aber er hat Angst vor Klatsch und traut sich nicht, weil ich verlobt bin. Er macht sich Sorgen um mich, aber er weiß nicht, was er machen soll. Für mich bleibt nur ein Ausweg: Selbstmord. Wenn die Männer so ängstlich sind und die Frau, die sie lieben, in ihrer Not allein lassen, was bleibt dann noch?

– Haben Sie, bevor Sie verlobt waren, jemand anders geliebt?

– Ich habe den Sohn meines Onkels geliebt, ohne ihn zu kennen. In der Türkei hatten sie immer erzählt, wie wir mit einem Monat Unterschied auf die Welt gekommen sind. Wegen der vielen Erzählungen regten sich in mir Gefühle für ihn. Wenn ich abends im Bett lag, hörte ich Stimmen: „Er wird kommen, ihr werdet euch in der Bundesrepublik kennenlernen." Ich wollte ihn vergessen, aber ich konnte nicht. Eines Tages kam mein Onkel und erzählte, daß er in die Bundesrepublik käme. Nun war ich noch aufgeregter. Er kam 1980, und als ich ihn kennenlernte, verliebte ich mich noch mehr. Er verliebte sich auch in mich, aber vier Jahre lang haben wir uns nicht gesehen.

– Wollte der Sohn Ihres Onkels Sie heiraten?

– Er wollte mich heiraten. Aber zwischen den Familien herrscht ein alter Familienstreit und Feindschaft. Deswegen haben sie mich nicht hergegeben.

– Wie werden Sie mit diesen Problemen fertig?

– Wie Sie sehen, bin ich sehr dünn geworden. Ich habe den Appetit verloren. Nachts kann ich nicht richtig

schlafen. Mein Kopf ist voller Gedanken. Als ob lauter wilde Tiere in meinem Kopf wären. Wenn ich Lieder höre, die mich an meine Sorgen erinnern, weine ich gleich. Ich schreibe Gedichte, die von meinem Zustand erzählen. Wenn Sie wollen, lese ich Ihnen ein paar Zeilen vor:

Wie ist mein Kopf im Rauch gefangen
Noch bin ich siebzehn Jahre,

Der Frühling ist mein Winter,
Meine dunkle Welt wird nicht mehr hell,
Mein Rücken kann diese Sorgen nicht mehr tragen.
So vergehen meine Tage, mit bitteren Gedanken, in gro-
ßem Kummer. Ich wünsche keinem Mädchen, daß es
ihr so geht wie mir.

– Mögen Sie die Bundesrepublik?
– Ja, schon. Alle Menschen, die ich mag, sind hier.
Ich habe Angst davor, in die Türkei zu fahren, denn sie
könnten dort die Hochzeit machen.

– Interessieren Sie sich für Politik?
– Was soll ich mit der Politik? Was habe ich damit zu
tun? Meine Sorgen genügen mir.

„Wir bleiben, bis ihr uns rausschmeißt!"

In der Altstadt Bergkamens, auf dem Kurt-Schuma-cher-Platz, steht ein Denkmal. Eine Frau sitzt da mit zwei Kindern in den Armen und einem Kind zu ihren Füßen und schaut die Kinder nachdenklich an. Dieses Denkmal wurde um 1955 zum Gedenken an die Opfer des zweiten Weltkrieges aufgestellt. Um das Denkmal herum spielen türkische Kinder. Hier wohnen viele Tür-ken. Die Kinder haben keine Ahnung von der Vergan-genheit. Sie laufen aufgeregt und lebhaft hin und her.

Acht von zehn Personen sind hier Türken. Sie gehen auf den Straßen spazieren, manche in Dreier- bis Fün-fergruppen, manche allein. Manche erzählen traurig von den türkischen Familien, die in die Türkei zurück-kehrten: „Die Straßen sind leer geworden. Familien, die seit zwölf, dreizehn Jahren unsere Nachbarn waren, sind weg. Die Wohnungen sind so still geworden, als ob jemand gestorben wäre", sagen sie.

Wie in den anderen Städten der Bundesrepublik dau-ert auch in Bergkamen und Umgebung die Rückwande-rung in die Türkei an. Aber damit wird weder das Pro-blem der Arbeitslosigkeit gelöst, noch werden die ho-hen Mieten dadurch billiger. Denn die Gründe für bei-des sind nicht in der Anwesenheit der Ausländer zu su-chen. Herr Dröge, der Leiter des statistischen Büros im Arbeitsamt von Hamm, erläutert: „1984 hatten sich 632 türkische Arbeiter wegen der Rückreise an uns ge-wandt. Für 603 Personen wurde der Antrag angenom-men, das macht 13 Prozent der Türken aus. Aber von dieser Gruppe sind nicht alle zurückgekehrt."

– Sind an die Stelle dieser Arbeiter in den Firmen neue Arbeiter getreten?

– Nein, keine. Das war sowieso der Wunsch der Fir-men.

70

1983/84 wurde in den bundesdeutschen Medien über die Rückführung ausländischer Arbeiter in ihre Heimatländer diskutiert. Anlaß war die Verabschiedung eines Gesetzes über die Zahlung einer Abfindung in Höhe von 10 500 DM als Anreiz für die Heimkehr jener ausländischen Arbeitskräfte, die von Ländern außerhalb der EG gekommen waren. Wenige Jahre zuvor waren die türkischen Arbeiter noch gut angesehen und wurden überall als billige Arbeitskräfte gefragt. Aber mit dem Beginn der Wirtschaftskrise und nach dem Anwerbestopp für ausländische Arbeiter veränderte sich

die Situation grundlegend. Seitdem hat die Ausländerfeindlichkeit enorm zugenommen und – ermuntert von der ausländerfeindlichen Politik der Bundesregierung – hetzen immer mehr neonazistische und reaktionäre Gruppen gegen angebliche „Überfremdung". „Deutschland den Deutschen" lautet heute ihre Parole, mit der sie den Versuch unternehmen, die Ausländer als Sündenböcke für Massenarbeitslosigkeit und Wirtschaftskrise zu benutzen.

B. Adıyamanlı aus Zonguldak bereitet seine Rückreise in die Türkei vor. Er hatte mitten in seiner 39-Quadratmeter-Wohnung, in der er seit Jahren mit seinen zwei Kindern unter schwierigen Bedingungen gelebt hat, all seine Habe zusammengetragen. Er freut sich nicht auf die Rückkehr. Er ist enttäuscht. 13 Jahre war er in einem Bergwerk Bergkamens beschäftigt; an seinem ganzen Körper haben sich rote Flecken gebildet, die sich zu nässenden Blasen entwickelten.

„Woher kommt das?" frage ich.

„Ein Andenken an die Zeche", sagt er.

– Herr Adıyamanlı, was zwingt Sie zur Rückkehr?

– Ich bin seit Neujahr 1983 arbeitslos. Ich habe Arbeit gesucht, aber es gibt keine. In der Zwischenzeit haben sie auch meiner Frau gekündigt. Ich will in die Türkei zurück, bevor ich Sozialhilfeempfänger werde.

– Wenn Sie hier Arbeit gefunden hätten, wären Sie auch dann zurückgefahren?

– Nein, nein. Ich gehe nicht, weil ich das will, sondern weil ich muß.

Wir waren gern hier. Neun Jahre sind wir hier gewesen, haben gute und schlechte Tage erlebt. Wir können das nicht vergessen. Wenn wir zurückfahren, werden wir Sehnsucht haben.

– Was wollen Sie nach Ihrer Rückkehr in der Türkei machen?

– Ich habe mit dem hier verdienten Geld Grund und Haus gekauft. Wovon ich dort leben werde, weiß ich noch nicht genau. Wir müssen vor allem einmal dort ankommen. Was das neue Leben bringt, werden wir sehen.

Zwei Häuser weiter werde ich Zeuge eines anderen Ereignisses. Frauen und Kinder haben sich um einen TIR-Lastwagen versammelt. Die Männer versuchen,

alte Möbel hineinzustellen. Die Möbel sind alt und ramponiert. Herr Gökbuğa bereitet sich auf eine unsichere Reise vor.

– Herr Gökbuğa, warum kehren Sie in die Türkei zurück?

– Vor allem wegen des Fremdenhasses. Wir werden überall schlecht behandelt, und die Ausländerfeindlichkeit nimmt immer mehr zu.

– Sind auch andere Ihrer Arbeitskollegen zurückgekehrt?

– An meinem Arbeitsplatz waren nur sieben türkische Kollegen. Wir arbeiteten in der Werkstatt. Fünf von ihnen sind endgültig in die Türkei zurückgekehrt.

– Wer macht jetzt Ihre Arbeit?

– Ich arbeitete in der Reparaturwerkstatt der Zeche. Meine Kollegen erzählen, die Arbeit, die die Türken gemacht haben, sei jetzt haufenweise liegengeblieben. Sie haben aus anderen Abteilungen Arbeiter geholt. Aber weil es denen an Erfahrung fehlt, konnten sie nicht viel ausrichten.

– Bleibt Ihre Familie zusammen?

– Nein, meine zwei Söhne, eine Tochter und sechs Enkelkinder bleiben hier. Meine Frau ist sehr traurig. Sie wird die Sehnsucht nach ihren Enkelkindern nicht aushalten. Wenn sie uns lassen, werden wir alle drei bis vier Monate wieder hierherkommen.

– Wie waren in den vergangenen Jahren Ihre Beziehungen zu den Deutschen? Sind Sie sich nähergekommen?

– Außer zu den Arbeitskollegen hatte ich zu niemandem Kontakt. Ihre Art zu leben paßt nicht zu uns.

– War es nicht schwierig, unter diesen Bedingungen hier zu leben?

– Ja. Wenn wir den Deutschen ein wenig nähergekommen wären, würden wir vielleicht nicht zurückgehen. Wir haben uns ihnen nicht angepaßt, wir können uns nicht anpassen!

– Was ist mit denen, die hierbleiben?

– Die können sich auch nicht anpassen. Sie können nicht gut Deutsch.

Eine türkische Arbeiterin, die im Jahr 1984 in die Türkei zurückkehrte, schrieb an einen Sozialarbeiter in Köln am 3. Oktober 1984 einen Brief. Darin heißt es: „Hier ist das Leben sehr schwer. Gar nichts ist so geworden, wie ich gehofft habe. Ich habe viele Enttäuschungen erlebt. Fragen Sie mich nicht danach. Jetzt ist es schon Winter geworden. Ich habe weder Ofen noch Holz oder Möbel. Ich weiß gar nicht, was ich machen soll. Wäre ich doch in der Bundesrepublik gestorben, dann müßte ich das nicht durchmachen. Ich bereue alles sehr. Wenn mich doch eine deutsche Familie adoptieren würde, könnte ich wieder in die Bundesrepublik zurückkehren. Finanziell bin ich in einer großen Krise. Die Bedingungen und das Leben hier sind für mich ganz unmöglich. Es vergeht keine Minute, in der ich nicht weine. Ich will meine Heimat nicht schlechtmachen. Aber ich kann es hier nicht aushalten. Ich finde keine Arbeit."

Der Journalist G. Yağmur schreibt über eine Begegnung mit dem Heimkehrer Halit Doğan: „Halit Doğan ist einer von denen, die lange Jahre in der Fremde gelebt haben. (. . .) Als wir an seiner Tür ankamen, hörten wir, daß drinnen jemand deutsch sprach. Wir wurden neugierig. Als er die Tür öffnete, fragten wir ihn, mit wem er denn gesprochen habe. Er zeigte uns seinen Hund. (. . .) Halit Doğan sprach mit seinem Hund deutsch, der Hund verstand ihn. „Doch mit den Menschen, mit denen ich in meiner Heimat türkisch spreche, kann ich mich nicht verständigen", sagt er und fährt fort: „Ich bin als einer der ersten in die Bundesrepublik gegangen. 1963, ganz allein. Später holte ich meine Familie nach. Meine Tochter habe ich nicht studieren lassen, aber mein Sohn hat die Hochschule besucht. Er hat später ein deutsches Mädchen geheiratet, das zum Islam übergetreten ist. Er ist immer noch in der Bundesrepublik. Wie gut, daß er nicht hierhergekommen ist, sonst würde auch er zugrunde gehen, wie wir." Er sprach mit Resignation in der Stimme, auf seiner Stirn standen tiefe Sorgenfalten. Er sah viel älter aus, als er wirklich war. Er wirkte verbraucht.

Wir versuchen ihm weitere Fragen zu stellen, ohne ihn zu kränken. „Herr Halit, wann sind Sie zurückgekommen, warum sind Sie so resigniert, warum bereuen Sie diesen Schritt?"

Er richtete seinen ruhigen und traurigen Blick auf uns, seufzte einmal tief, war nahe dran zu weinen.

„Meine Mutter und meine Tante waren hier allein, deswegen sind wir zurückgekommen. Jetzt sind sie gestorben. Meine Frau und ich sind ganz vereinsamt. Unsere deutschen Freunde luden uns jeden Abend zu sich ein. Hier gibt es niemanden. Auch wenn wir wo hingehen, passen wir nicht dazu. Sie betrachten uns als Fremde. (...) Wir konnten uns hier überhaupt nicht einleben, das Leben in unserer Heimat kommt uns irgendwie verkehrt vor. (...) Mein Hund ist mir als Andenken an die Bundesrepublik geblieben. Ich gehe mit ihm spazieren. Mit ihm verstehe ich mich besser. (...) Wir wissen nicht, was wir tun und lassen, wie wir uns benehmen sollen." Seine Augen waren voller Tränen. Wir fürchteten, ihm zu nahe zu treten, und zögerten ein wenig: „Und wenn Sie jetzt wieder in die Bundesrepublik gingen..." Er ließ uns nicht einmal den Satz zu Ende sprechen und sagte: „Wäre das doch möglich! Glauben Sie mir, ich ginge sofort, auf dem schnellsten Weg. Aber diese Möglichkeit besteht leider nicht mehr."

Halit Doğan ist einer von den Tausenden von Türken, die endgültig in die Heimat zurückkehrten. Die Schwierigkeiten, die aus der Entfremdung zum Land und zu den Lebensbedingungen entstehen, belegt sein Bericht. Wie die Alten sagten: „Wo der Mensch satt wird, dort ist seine Heimat." Für die Türken, die hier viele Jahre gelebt haben, ist die Bundesrepublik zur zweiten Heimat geworden.

Die harten Lebensbedingungen in der Türkei wirken auf die Heimkehrer wie eine kalte Dusche, und sie bereuen bald ihren Entschluß. Ihre Familienangehörigen hingegen, die in der Bundesrepublik geblieben sind, leben in trauriger, stiller und unsicherer Erwartung.

Die Hiergebliebenen können sich nicht mit der Trennung von ihren Angehörigen abfinden. Sie betonen in ihren Gesprächen, an jedem Tag werde ihre Sehnsucht größer, nehme ihre Einsamkeit zu. Demgegenüber verwerfen viele, die bis vor kurzem die Absicht hatten, in die Türkei zurückzukehren, ihre Rückkehrpläne, denn die Heimkehrer schreiben ihnen: „Komm ja nicht zurück, bleib dort!"

Ein in die Heimat zurückgekehrter Bergarbeiter schreibt am 17. August 1984 an seinen Kollegen M.A. in Bergkamen: „Kollege, wenn Du wissen willst, wie es hier steht, sage ich Dir: Wenn Du Geld hast, bist Du König, wenn nicht, dann sieht es sehr schlecht aus. Es ist sehr schwer mit dem Geld, das ich aus der Bundesrepublik mitgebracht habe, ein Geschäft aufzumachen. Denn das Leben hier ist sehr teuer. Ich weiß nicht, was ich machen soll. Wenn Du mich fragst, sage ich Dir: Bleib, wo Du bist!"

„Die Rückkehr meiner Eltern in die Türkei hat uns sehr traurig gemacht. Wir fühlen eine tiefe Leere. Ich kann nicht an dem Haus vorbeigehen, in dem sie zuletzt gewohnt haben. Als sie noch hier waren, waren wir jeden Tag zusammen. Wenn es Probleme gab, haben wir uns an sie gewandt. Es wäre sehr schön, wenn sie noch hier wären. Wir könnten wie früher leben."

Als A.G., der in der Garnfabrik arbeitet, uns das erzählt, hat er Tränen in den Augen. Er ist mit einer türkischen Frau verheiratet, die seit einundzwanzig Jahren in der Bundesrepublik lebt; seine beiden Kinder waren hier geboren. Als wir in seiner Zweizimmerwohnung sitzen und uns unterhalten, frage ich seine Frau: „Denken Sie daran, zurückzugehen?" Sie streicht ihrer zweijährigen Tochter, die auf ihrem Schoß sitzt, über die Haare und sagt: „Nein, ich denke nicht daran. Ich bin seit einundzwanzig Jahren hier. Ich bleibe hier, bis uns die Deutschen rausschmeißen. Ich weiß nicht, wie mein Mann darüber denkt, aber ich glaube nicht, daß ich mich an die Türkei gewöhnen kann, wenn ich zurückgehe. Natürlich, wenn er zurückgeht, muß ich auch zurückgehen. Die Bundesrepublik ist in jeder Hinsicht

besser als die Türkei. Wenn ich zur Polizei gehe, wird meine Sache gleich erledigt. Wenn ich zum Arzt gehe, werde ich gleich untersucht. 1981 waren wir im Urlaub in der Türkei. Mein Schwiegervater mußte beim Arzt acht Stunden warten. Hier werden Strom und Wasser nie abgestellt. Wenn es doch mal abgestellt werden muß, wird uns das vorher mitgeteilt. In der Türkei fällt plötzlich Wasser oder Strom aus, und dann gibt es tagelang weder Wasser noch Strom. Ich habe einmal die Körperbehindertenschule besucht, an der mein Onkel unterrichtet. Die Kinder erzählten mir, daß es seit drei Tagen kein Wasser in der Schule gab. Ich wollte das nicht glauben. Wir können hier im Monat mit 1 500 DM leben und müssen nicht auf Fleisch verzichten. Wovon sollen wir dort leben?"

Ihr Mann nickt, um diese Aussage seiner Frau zu bestätigen. Er fügt hinzu: „Ich spreche mit meinem Vater immer am Telefon. Er sagt: ‚Du brauchst weder zum Urlaub zu kommen noch hierher zurückzukehren.‘"

– Herr A. G., wie hat die Rückkehr Ihrer Eltern auf Ihre Kinder gewirkt?

– Sie sind immer noch sehr traurig. „Wann kommt unser Großvater, wann fahren wir zu ihm?" fragen sie. Sie glauben, daß ihr Großvater und ihre Großmutter nur auf Urlaub sind. Weil ich traurig bin, kann ich auf die Fragen der Kinder keine Antwort geben. Vor einer Woche kam ein Brief, wir haben ihn gelesen und geweint.

– Was erzählen Ihre Eltern in den Briefen über die Türkei?

– Sie erzählen, daß sie sich nicht eingewöhnen können, daß das Leben sehr teuer ist und sie große Sehnsucht nach uns haben. Besonders ihre Enkel lieben sie sehr. Sie haben hier sechs Enkelkinder; sie sind von ihnen getrennt. Jetzt sind sie in der Türkei allein.

– Konnten Sie Ihre Eltern nicht dazu überreden hierzubleiben?

– Ich habe mich sehr gegen ihre Rückkehr ausgesprochen, ich habe meinen Widerspruch gezeigt, drei Monate lang habe ich versucht, sie umzustimmen. Sie haben nicht auf mich gehört und sind zurückgekehrt. Mein Vater sagte: „Wir werden es bereuen, aber wir müssen zurück." Ich mache mir Sorgen wegen meiner Mutter; sie war hier krank. Hier konnte sie kostenlos zum Arzt und sich untersuchen lassen. Jetzt muß sie dort für Untersuchungen Geld zahlen und wochenlang auf einen Termin warten.

Der Verantwortliche für Türk-Danis in Bergkamen, N. Yüksel, erzählt mir, er führe pro Tag durchschnittlich zwanzig Gespräche mit türkischen Familien. Seine Beobachtungen über die in der Bundesrepublik gebliebenen Angehörigen der Heimkehrer: „Sie sind besorgt und unruhig. Sie können nicht mehr lachen. Meist denken sie an ihre Mütter, Väter, Geschwister und Onkel, die in die Türkei zurückgekehrt sind. Ihre Gedanken sind voll davon; was werden ihnen dort für Schwierigkeiten begegnen? Sind sie krank? Haben sie Geld oder nicht? Das sind die Fragen, die die Hiergebliebenen beschäftigen. Außerdem: Wie man weiß, hat man den Leuten die Rückkehr mit einer bestimmten Summe Geld schmackhaft zu machen versucht. Und gerade das trägt dazu bei, daß sie in der Türkei ihren Bekannten- und Familienkreis verlieren. Denn ihre Angehörigen stehen Schlange, um von den Heimkehrern, die sie ‚Almancı' nennen, Geld zu verlangen. Aber wenn sie dann nichts bekommen oder das Geld des Rückkehrers nicht reicht, sind sie beleidigt. So etwas kommt oft vor."

Jedes Jahr verbringen Tausende von türkischen Arbeitern ihren Jahresurlaub in der Türkei bei Verwandten und Bekannten. Nach der Rückkehr erzählen sie den anderen, was sie erlebt haben, und schildern ihre Beobachtungen bis auf die kleinsten Einzelheiten. So erhalten sie die Erinnerung an die Türkei und ihre Angehörigen lange in sich wach. Wenn ein paar Türken zusammenkommen, haben sie keine Schwierigkeiten, ein Gesprächsthema zu finden. Bei einem solchen Anlaß lernte ich M. Yıldız kennen, der seit 1970 bei Ford in Köln arbeitet, Vater von fünf Kindern ist. Er sagte mir, daß er seine Frau und die Kinder nicht zu sich hole. Er erzählte, was ihm vor fünf Jahren während eines Urlaubs in der Türkei passierte: „Es war der zweite oder dritte Tag nach meiner Ankunft. Unser Haus war voller Besucher, die gekommen waren, um mich zu sehen. Ich hatte eine größere Summe Geldes mitgenommen, weil ich in Ankara ein Haus kaufen wollte. Ich erzählte meinen näheren Verwandten davon, und alle sagten übereinstimmend: ‚Was willst du mit einem Haus? Kauf lieber ein Grundstück, spar dein Geld, später brauchst du's sicher.' Ich habe mich von ihren Ratschlägen beeinflussen lassen und war entschlossen, kein Haus zu kaufen. Als wir nachts zu Bett gingen, meinte meine Frau: ‚Die haben dir vom Hauskauf abgeraten, um von dir Geld leihen zu können. Du kannst das nicht ahnen, aber ich weiß es.' Daraufhin habe ich doch ein Haus gekauft. Als sie das hörten, sagten die Verwandten: ‚Warum hast du das Haus gekauft? Wir wollten von dir Geld leihen!'

In Bergkamen weiß jeder Türke, wo die Präsidentenstraße liegt. In fast allen Häusern, die eine höhere Hausnummer haben als fünfzig, wohnen türkische Familien. Hier gibt es türkische Lebensmittelläden und Metzgereien, daneben eine Koranschule, in einem Hochhaus am Ende der Straße auch eine Moschee. Bei schönem Wetter wimmelt es hier von Kindern und Erwachsenen in ihrer typischen Kleidung, man hört sie in ihrer, je nach Heimatort unterschiedlichen, Mundart sprechen; junge Türken gehen mit ihren deutschen Freundinnen aus anderen Wohngegenden spazieren. Das alles verleiht der Präsidentenstraße eine eigene Atmosphäre.

Siebzehn Türken aus dieser Straße sind endgültig in die Türkei zurückgekehrt. „Unsere Straße ist stiller geworden, sie ist nicht mehr so lebendig wie früher", bedauern die Zurückgebliebenen.

M. A. ist 1957 in Zonguldak geboren. Seit vier Jahren arbeitet er unter Tage. Als er mich in seiner Wohnung in der Präsidentenstraße willkommen heißt, sieht man ihm seine Trauer an: Sein Bruder ist in die Türkei zurückgekehrt. Auch in seiner Wohnung ist es still geworden.

– Wie hat sich die Rückkehr Ihres Bruders auf Sie und Ihre Kinder ausgewirkt?

– Er hat mich hier wie ein Waisenkind zurückgelassen. Meine drei Kinder waren jeden Tag bei ihm. Jetzt wollen sie nicht einmal mehr auf die Straße. Es gab Zeiten, da haben wir unser Geld geteilt. Wenn wir nur wenig Geld brauchten, gingen wir nicht auf die Bank. Wenn wir uns nicht gesehen haben, fehlte uns etwas.

Vor zwei Monaten ist er gegangen. Ich kann mich immer noch nicht daran gewöhnen, daß er nicht da ist. Ich habe große Sehnsucht nach ihm, und er hat Sehnsucht nach mir. Lesen Sie doch, wie er seinen letzten Brief an mich beginnt: „Du mein lieber Bruder, Du mein Seelentrost, mein Herzensbruder. Bevor ich mit meinen Zeilen beginne, schicke ich Dir meine unendlichen Grüße. Ich küsse Dich vielmals auf die Augen!"

– Waren Sie dafür, daß er zurückgeht?

– Nein, ich habe alles getan, damit er bleibt. Aber er hatte genug von hier. Er hatte Angst vor der Arbeitslosigkeit, denn er war seit zwei Jahren ohne Stelle.

– Bereut er, daß er zurückgefahren ist?

– Ich weiß es nicht. Ich habe ihn am Telefon gesprochen, aber er hat dazu nichts gesagt. Vielleicht, um uns nicht zu beunruhigen.

– Denken Sie auch daran, zurückzugehen?

– Zur Zeit nicht. Diejenigen, die zurückgegangen sind, sind nicht zufrieden. Mein Deutsch ist ausreichend, deswegen habe ich sehr guten Kontakt zu den Kollegen am Arbeitsplatz. Wir kommen irgendwie zurecht. 1981 war ich im Urlaub in der Türkei. Bei der Frau eines Freundes hatten die Geburtswehen eingesetzt. Wir haben sie gleich mit meinem Auto zum Krankenhaus in Ereğli gebracht. Es war später Abend. Die Zuständigen im Krankenhaus sagten uns, es gäbe keine Watte. Ich fuhr in die Stadt und kaufte Watte in einer Apotheke, die schon geschlossen war. Wenn ich nicht dabeigewesen wäre, hätte der Ehemann der Frau vielleicht keine Watte kaufen können. Wo man im Leben solchen Schwierigkeiten begegnet, kann ich mich nicht eingewöhnen.

M. A. betont, daß sein Verbleiben in der Bundesrepublik zugleich eine Sicherheit für seine Angehörigen in der Türkei sei. Als er merkt, daß ich ihn aufmerksam mustere, weil ich ihn nicht verstanden habe, erklärt er mir, was er unter Sicherheit versteht: „Wenn sie Geld brauchen, schicke ich ihnen Geld. Ich vermute, daß sie bald darum bitten werden."

Im Zusammenhang mit dem eben Gesagten erzählt M. A. mir einen Witz, der in der Türkei kursiert: „Zwei Arbeiter, die in unser Dorf zurückgekehrt sind, unterhalten sich; der eine sagt zum anderen: ‚Ich habe meinen Sohn in der Bundesrepublik gelassen, damit er mir Geld schickt, wenn ich keins mehr habe. Und wen hast du dort gelassen? Wer wird dir helfen? Wie kannst du nur in diesem Zustand herkommen?' "

Das ist das bittere Spiegelbild der Realität. In der Bundesrepublik haben sie den Druck und die Unannehmlichkeiten, die von der Ausländerfeindlichkeit herrühren, kennengelernt. Überdies mußten sie Tag für Tag mit der drohenden Gefahr der Arbeitslosigkeit leben. Deshalb haben sie, obwohl sie jahrzehntelang hier waren, das Leben in der Bundesrepublik nicht liebengelernt. Als sie sich entschlossen, in die Türkei zurückzukehren – „Wie es auch sein mag, es ist meine Heimat" –, konnten sie sich nur wenig vorstellen, was für Schwierigkeiten dort auf sie warteten. Sie fuhren heim, nicht, um besser als hier zu leben, sondern weil die Sehnsucht nach der Heimat zu groß geworden war. Hätten sie in der Türkei bessere Lebensbedingungen gehabt, wären sie sowieso nicht hierhergekommen.

Selbstverständlich hoffen diese Menschen, die ihr Leben lang Bedrängnisse erfahren, viel Kummer und Sorgen kennengelernt haben, auf ihre alten Tage auf Hilfe von ihren Kindern und Angehörigen. In der Türkei sind Millionen alter Menschen, die selbst nicht mehr arbeiten können, auf ihre Kinder angewiesen. Der Staat hat sich noch nie ihrer angenommen.

Auf meine Bitte, Angehörige von heimgekehrten Türken zu sprechen, lädt mich ein freundlicher junger Mann an seinen Tisch zum Tee ein: „Du kannst mit mir

reden; mein Vater ist vor kurzem in die Türkei zurückgekehrt."

M. Bıçakçı ist 1980 nach Bergkamen zu seinem Vater
gezogen. Er wurde 1963 in Trabzon geboren, ist verheiratet und hat ein Kind. Seit drei Jahren arbeitet er bei
der Zeche „Neue Monopol" unter Tage.

– Wie hat die Rückkehr deines Vaters dich beeinflußt?

– Ich bin plötzlich allein gewesen. Deswegen war ich

traurig. Andererseits habe ich mich auch gefreut, ich habe elf Geschwister, die seit elf Jahren ohne Vater lebten, nun ist er bei ihnen.

– Wo arbeitete dein Vater?

– Im Bergwerk, unter Tage.

– Warum bist du nicht mit ihm zusammen zurückgefahren?

– Ich bin in der Türkei von der letzten Klasse des Gymnasiums abgegangen. Wenn ich jetzt noch einmal zurückgehe, kann ich weder weiter auf die Schule, noch kann ich eine Arbeit finden. Mein Vater wollte mich hier zurücklassen, damit ich ihm, wenn er in der Türkei Geld braucht, welches schicken kann.

– Hast du ihm Geld geschickt?

– Meinen Geschwistern habe ich 1 200 DM geschickt. Am 15. des Monats werde ich wieder mindestens die gleiche Summe hinschicken.

– Warum ist dein Vater zurückgekehrt?

– Er war seit zwei Jahren arbeitslos. Er hatte allerdings schon 1976 am Flughafen von Trabzon, als wir ihn nach einem Urlaub verabschiedeten, gesagt: „Diese Abreise wird die letzte sein, dann werde ich nur noch zurückkommen." Seitdem war er darauf gefaßt, zurückzukehren. Aber wenn er nicht in Schwierigkeiten geraten wäre, wäre er nicht weggegangen.

– Ist er jetzt zufrieden?

– Nein, er bereut den Entschluß. Bei seiner Abreise plante er, ein Geschäft zu gründen. Wie er berichtet, hat er aber seine Rente und Versicherungsgelder noch nicht bekommen. Dieses Geld hätte nach einem Monat da sein sollen. In dieser Zeit hat er seine Ersparnisse verbraucht. Jetzt hängt er in der Luft. Er schreibt uns: „Komm nicht zurück, hier können wir keine Arbeit finden."

Ich begegne zum ersten Mal einem jungen Mann, der gelassen auf die Rückkehr seines Vaters reagiert. C. Sarıkaya ist ein kleingewachsener, selbstbewußter Türke, der es verstanden hat, sich an die Bedingungen in der Bundesrepublik anzupassen. Er ist 1954 in Yozgat geboren. 1972 zog er zu seinem Vater, der in Gelsenkirchen als Arbeiter lebte. Seitdem will er nicht mehr in die Türkei zurück. Er hat sieben Jahre unter Tage gearbeitet und hat gleichzeitig Deutsch gelernt. Jetzt kann er genügend Deutsch, ist aber trotzdem arbeitslos. Er erzählt, warum sein Vater 1982 in die Türkei zurückgekehrt ist und wie seine Meinung sich geändert hat, nachdem er in der Türkei mit verschiedenen Schwierigkeiten konfrontiert war: „Mein Vater hat ohne Unterbrechung genau zwölf Jahre in der Bundesrepublik gearbeitet. Er machte seine Arbeit gern und war ein beliebter und geachteter Mensch. 1981 wurde er arbeitslos. Bis zu diesem Tag hatte er um seiner Arbeit willen die Schwierigkeiten des Lebens in der Bundesrepublik auf sich genommen. Als er seine Arbeit verloren hatte, wurde er immer einsamer und konnte die Sorgen, die er in der Bundesrepublik auf sich nehmen mußte, nicht mehr ertragen. Ich muß besonders betonen, er hatte außerdem sehr große Angst vor den Briefen der deutschen Behörden. Deswegen wollte er nie in den Briefkasten schauen. Er hatte es satt. Auch meine Mutter ist zurückgegangen, aber ich wollte, daß meine Schwestern hierbleiben. Ich bin traurig, daß ich das nicht erreichen konnte. Mein Vater hat sie mitgenommen."

– Ist Ihr Vater zufrieden, daß er in die Türkei zurückgekehrt ist?

– Nein, er ist nicht zufrieden. In den ersten sechs Monaten nach seiner Rückkehr sagte er: „Ich habe Ruhe; ich bekomme keine deutschen Briefe mehr." Nach einem Jahr schrieb er: „Mein Sohn, paßt gut auf Euer deutsches Geld auf. Eine DM ist nun hundert Lira. Verlaßt Euch auf niemanden, alles läuft nur mit Geld. Fahr jetzt auf keinen Fall zurück." Anderthalb Jahre darauf war ich während meines Urlaubs in der Türkei. Während der ganzen Zeit klagte er über die schweren Lebensbedingungen in der Türkei. Als mein Urlaub zu Ende ging, war er sehr traurig: „Sage deinen Freunden, sie sollen besser dort Scheiße fressen als hierherkommen!" Am Ende des zweiten Jahres nach seiner Rückkehr schrieb er mir: „Ich kann die Mädchen nicht mehr in die Schule schicken. Ich habe keine Geduld mehr, vor den Behördentüren zu warten. Was ist das für ein Leben?" Daraufhin ging ich gleich in die Türkei und bezahlte die nötigen Ausgaben für den Schulbesuch der Mädchen.

Die Gruppe von türkischen Arbeitern, die um den Kohleofen im Arbeiterverein versammelt sind, hört aufmerksam den Erzählungen C. Sarıkayas zu. Während der Unterhaltung versucht jeder seine Sorgen loszuwerden. Einer von ihnen meint: „Diejenigen, die in die Türkei zurückgehen, bereuen es genauso wie die, die hierbleiben. Wir wissen auch nicht mehr, wofür wir uns entscheiden sollen.

„Wir leben wie die Witwer."

Veli ist großgewachsen, sein Hemd trägt er offen. Seine Schirmmütze paßt zu der Farbe des Schnurrbarts. Obwohl er schon seit 1973 in der Bundesrepublik lebt, ist er dem Leben in seinem Dorf Kocakurt im Kreis Kangal bei Sivas noch nicht entfremdet. Wir unterhalten uns in einem türkischen Café im Zentrum Bergkamens. Ein junger Mann kommt an unseren Tisch und fragt: „Wie geht es dir, Onkel Veli?" Veli, mit lauter Stimme: „Ich habe Kraft, eine Schirmmütze, einen Schnurrbart, in der Tasche Tabak, was brauche ich mehr?"

Veli ist Vater von sieben Kindern. Seine Frau und die Kinder leben in der Türkei. Er hatte befürchtet, sein Haus würde verkommen, und seine Schafe und Kühe wollte er nicht verkaufen. Deswegen hat er es auf sich genommen, lange Jahre allein in der Bundesrepublik zu leben. „Um meine Kinder zu sehen und meine Sehnsucht zu stillen, fahre ich einmal im Jahr auf Urlaub."

– Veli, du sagst, daß du in einer seelischen Krise steckst. Wie wirkt sich das auf dein Leben und deine Arbeit aus?

– Ich will es dir erzählen, aber wenn jemand das hört, darf er nicht sagen, ich sei verrückt. Sowieso sind die Menschen, die dort sitzen und Karten spielen, nicht gescheiter als ich. Sie spielen Karten, um die schlechten Gedanken, die sie beschäftigen, zu vergessen. Ich sagte, ich sei in einer seelischen Krise. Nachts wird für mich das Bett nicht zu einer Erholung, sondern zu einer Folter, denn ich kann nicht schlafen. Ich drehe mich nach rechts, ich drehe mich nach links. Ich kann mich in meinem Bett nicht wohl fühlen. Diese düsteren Nächte habe ich schon seit einem Jahr. Ich will gar nicht in mein Zimmer gehen. Ich schaue dauernd in den Briefkasten. Wenn ich keinen Brief finde, laufe ich zum Telefon. Ich habe keinen Appetit. Früher aß ich alles, was auf den Tisch kam. Ich kann mir kaum was merken; das geht schon drei Jahre so. Außerdem sagen die Freunde, ich würde sehr viel reden, passend und unpassend, aber ich merke das nicht. Wir haben nur unsere Sprache (Zunge); wenn wir die auch noch abschneiden, wie sollen wir hier leben? Bis zu diesem Alter habe ich gearbeitet im Schweiße meines Angesichts. Aber jetzt fällt mir die Arbeit schwer. Während der Arbeit überfällt mich so eine Müdigkeit, als ob ich einen großen Berg auf meinem Rücken tragen würde.

– Wo arbeitest du, in wieviel Schichten?

– Seit zehn Jahren und sechs Monaten arbeite ich unter Tage, Frühschicht.

– Hast du in dieser Zeit Arbeitsunfälle gehabt?

– Die kleinen kann man nicht mitrechnen, aber ich habe auch einige größere Unfälle gehabt. Einmal ist die Flüssigkeit, die Steine und Kohle aneinanderklebt, mir ins Gesicht gespritzt. Im Krankenhaus mußten sie hier die Gesichtshaut abnehmen. Damals hat es mich am meisten getroffen, daß sie mir meinen Schnurrbart abgeschnitten haben.

– Hast du hier, wo du seit Jahren als lediger Mann lebst, Beziehungen zu Frauen gehabt?

– Ich bin als Veli gekommen, und als Veli gehe ich in die Türkei zurück! Ich habe mich überhaupt nicht mit sexuellen Regungen beschäftigt. Ich habe nie eine andere als meine Ehefrau angeschaut.

Vom Nebentisch hat uns ein türkischer Arbeiter zugehört. Jetzt mischt er sich in unser Gespräch ein, sagt: „Als Veli ist er gekommen, aber als Irrsinniger geht er zurück!"

Veli kehrte im August 1984 in die Türkei zurück, aber nicht als der Veli, als der er in die Bundesrepublik gekommen war. Er hat seine Jugend und seine Gesundheit zurückgelassen, er nimmt seine Krankheiten und Bedrängnisse mit zurück.

S. Bayrak ist 46 Jahre alt. Aber wenn man ihn so anschaut, wirkt er zehn Jahre älter. Wir legen sein Paßbild von vor zehn Jahren und eines von heute nebeneinander. Der junge Mann von damals ist kaum wiederzuerkennen: Er hat stark abgenommen, die Wangen sind eingefallen, das Kinn ist hervorgetreten und läßt sein Gesicht häßlich erscheinen.

S. Bayrak ist 1971 als Bergarbeiter von Kütahya in die Bundesrepublik gekommen. „Ich wollte hier zwei Jahre arbeiten und dann zurückkehren, deswegen habe ich nicht daran gedacht, meine Kinder hierherzubringen. Aber weil ich befürchte, in der Türkei keine Arbeit zu finden, bin ich bis heute nicht zurückgekehrt."

– Und jetzt?

– Von 1971 bis 1980 habe ich viele schwere Arbeiten gemacht. Meine Augen und meine Ohren sind nicht mehr in Ordnung. Wie soll ich in diesem Zustand in meine Heimat zurückkehren? Ich habe mir diese Leiden hier geholt. In meinen jungen Jahren bin ich hergekommen, meine Jugend ist hier verstrichen.

Bayrak wohnt in einem Heim für Bergarbeiter. Er sagt, daß er nachts nicht länger als zwei Stunden schlafen könne und wegen seiner Sorgen in einer seelischen Krise stecke. „Meine Taschen sind voller Schlaftabletten", sagt er, holt die Tablettenschachteln hervor und zeigt sie mir. Als ich ihn frage, wann er in diese Krise geraten sei, antwortet er mit zittriger Stimme: „Meine Mutter war in der Türkei schwer krank. Ich bekam einen Brief. ‚Unser Beileid, sie ist gestorben!' stand drin. Ich konnte sie nicht einmal mehr sehen. Mein Vater ist gestorben, ich konnte auch ihn nicht noch einmal sehen. Ist das Menschlichkeit? Meine Ehefrau wurde zweimal operiert, und ich konnte nicht bei ihr sein. Nach all diesen Ereignissen habe ich mein seelisches Gleichgewicht verloren!"

– Bayrak, du sagst, daß du in Bedrängnis bist. Seit

ich dich kennengelernt habe, beobachte ich auch manche Anzeichen. Du kannst zum Beispiel nicht länger an einer Stelle sitzen, beim Reden bist du zerstreut und sehr nachdenklich.

– Ich bin wie ein Vogel, der sein Nest verloren hat. Seit einem Monat bin ich wegen Krankheit beurlaubt. Auch von meiner Freizeit habe ich nichts. Ich gehe unschlüssig umher, ohne zu wissen, was ich machen soll. Ich kann gar nicht im Arbeiterheim bleiben, das halte ich nicht aus. Wenn ich in mein Zimmer gehe, spüre ich eine Last auf mir, als ob das Haus über meinem Kopf zusammenbrechen würde. Sofort gehe ich wieder hinaus. Manchmal besuche ich ein paar Bekannte. Wo können die schon sein, sie sind Junggesellen wie ich und halten sich im Bierlokal auf. Früher habe ich nicht getrunken, aber jetzt habe ich damit angefangen. Nach ein paar Flaschen Bier fühle ich mich ein wenig besser.

Ich war nicht darauf vorbereitet, in Bergkamen so viele Türken zu treffen, die über seelische Nöte klagen. Als ob sie sich abgesprochen hätten. 85 von 110 Familienvätern und -müttern (77 Prozent) haben bei den Gesprächen erklärt, sie hätten große psychische Schwierigkeiten. Manche betonten, daß sie sich wegen dieser Krisen nicht in der Lage fühlen, zu arbeiten. Für mich ist es bedenklich, daß sie in ihrem Zustand immer noch berufstätig sind.

Die Arbeiterwohnheime in Bergkamen sind voller Kummer und Sorgen. Meine Gespräche in dem Arbeiterwohnheim „Am Kiwitt", in dem gegenwärtig 40 ledige Türken wohnen, bestätigen das. In den 60er Jahren konnten sich die Arbeiter in ihrer Freizeit in den Wohnheimen erholen, angeregt unterhalten, ihre Erinnerungen aus der Türkei austauschen und freundschaftliche Beziehungen pflegen. Viele türkische Arbeiter, die in Bergkamen und Umgebung als Bergarbeiter arbeiten, haben bei ihrer Ankunft hier gewohnt. Nach den lan gen Jahren schwerer Arbeit leiden die meisten unter körperlichen Abnutzungserscheinungen, haben Schmerzen und vielfältige Beschwerden. Ihr Leben verbringen sie tagein, tagaus in einem kahlen Zimmer. Sie sind verbittert und scheinen an nichts mehr eine Freude zu haben. Manchmal grüßen sie sich nicht einmal. Wenn sie erschöpft von der Arbeit kommen, werfen sie sich entweder ins Bett oder gehen noch in ein Bierlokal. Jemand sagt mir, er habe nur noch zu zwei Dingen Kraft: Entweder betrinke er sich, um seinen Kummer, seine Sorgen und die Müdigkeit zu vergessen. Oder er lege sich hin und schlafe, um die Gedanken, die sich wie eine böse Schlange in seinem Kopf winden, loszuwerden!

Das Arbeiterwohnheim „Am Kiwitt" hat eine lange Geschichte; es stammt fast aus derselben Zeit wie die ersten Zechen. Man erzählt, daß Ende des 19. Jahrhunderts die Gefangenen, die in dem Bergwerk gleich vor dem Wohnheim arbeiten mußten, abends hier eingesperrt worden seien. Sogar am heutigen Zustand sieht man, daß das Haus früher ein Gefängnis war. Später dann wurde das Erdgeschoß als Stall für die Pferde benutzt, die im Bergwerk gebraucht wurden. Die Türen, die zu dem engen Gang mit den dicken Steinmauern führen, sind so klein, daß eine mittelgroße Person gerade noch hindurchgehen kann. Die Einbettzimmer sind ziemlich eng. Drei mal drei Meter kosten 170 DM Miete. Ein kleiner Eßtisch für eine Person, ein Kleiderschrank und ein durchgelegenes Bettgestell, alles alt, sind das ganze Mobiliar; das Zimmer ist damit aber auch schon vollgestellt. In der Mitte des Raums kann sich eine Person nur mit Mühe bewegen. Einige Schaben laufen auf dem Boden und an den Wänden umher. Der Bergarbeiter aus Manisa sagt: „Um dieses Ungeziefer zu tilgen, streuen wir Mittel, aber danach kommen wieder neue, ich weiß nicht, woher." Die Elektroleitungen sind über Putz verlegt und sehen aus wie Schiffstaue. Keiner der Bewohner kann mir erklären, warum das so ist.

Die Mülleimer stehen auf dem Gang vor den Türen. Ohne Deckel, im Sommer wie im Winter; ständig kann man alle möglichen Gerüche wahrnehmen. Die Duschen, Waschbecken und Klosetts stammen noch aus der Zeit vor dem zweiten Weltkrieg. Alles ist alt und ramponiert. Die steinernen Waschbecken, die jetzt zum Wäschewaschen benutzt werden, waren vor Jahren Pferdetränken.

Die Küche wirkt ungepflegt und verwahrlost. Es gibt nur fünf alte Elektroplatten und drei schmale Tische, die wie Tapeziertische aussehen. Die Wände sind fleckig, die Decken seit Jahren nicht gestrichen. Die Bergarbeiter, noch mit der Kohle am Gesicht und an den Händen, gehen, wenn sie von der Arbeit kommen, in die Küche. Niemand redet ein Wort, man sieht, wie müde sie sind. Was würden die Angehörigen dieser Arbeiter wohl sagen, wenn sie den Zustand der Unterkunft sähen? Würden sie nicht sagen: „Die, die euch hierher geschickt haben, sollen erblinden"?

Das Leben der Türken, die lange Jahre zwischen diesen Steinmauern gelebt haben, ist kein Leben mehr, nur noch eine Folter. Sie haben alles schweigsam ausgehalten, niemand hat sich um sie gekümmert. So wurden sie geduldig und stumm wie Steine.

Ich habe hier Türken kennengelernt, die seit zwanzig Jahren in derselben Zeche arbeiten, in demselben Arbeiterwohnheim wohnen und auch dort nur zweimal ihr Zimmer gewechselt haben. Einer von ihnen ist M. Ağır. Er ist 1930 in Uşak geboren, 1964 kam er als Zechenarbeiter nach Bergkamen. Seit vielen Jahren arbeitet er in vier Schichten. Er hat drei Kinder und drei Enkelkinder. Seine Ehefrau hat er in der Türkei gelassen. „Sie hierherzubringen war nicht nötig", sagt er.

– Warum nicht?

– Sie kennen hier die Lage. Alles wird von den Deutschen hergestellt. Alle Speisen und Getränke gehen durch ihre Hand. Das alles ist von unserer Religion her verboten, aber wir sind gezwungen, das zu essen. Sie soll das nicht essen. Deswegen habe ich sie nicht mitgenommen.

– Ist es Ihnen nicht schwergefallen, zwanzig Jahre allein zu leben?

– Es war sehr schwer. Ein Drittel meines Lebens ist hier vergangen. Ich bin hier, meine Familie lebt in der Türkei. Alle haben Sehnsucht. Ich kann nicht all das erzählen, was ich in dieser Hinsicht fühle. Aber ich muß es ertragen, denn wir waren in die Stadt gezogen, weil wir im Dorf kein Land hatten. Obwohl ich Schneider bin, haben wir in der Stadt in großer Armut gelebt.

– Fahren Sie jedes Jahr in die Türkei?

– Sicher. Außerdem schreibe ich sehr oft Briefe. Ich telefoniere auch viel. In den vergangenen Tagen habe ich einen Brief von meiner Enkelin bekommen. Sie schreibt: „Lieber Großvater, wir haben große Sehnsucht nach Dir. Komm zu uns, denn wir können die Trennung nicht mehr aushalten."

– Wie geht es Ihnen gesundheitlich?

– Nicht gut. Der Arbeitsplatz unter Tage ist kalt, deswegen leide ich an einem Bandscheibenschaden. Ich lag drei Monate im Krankenhaus, habe aber immer noch Schmerzen. Wenn ich ein wenig laufe, habe ich Atemnot. Ich habe Schmerzen im Brustkorb. Wenn ich auf der rechten Seite liege, in der rechten Seite; wenn ich auf der linken Seite liege, in der linken Seite. Ich habe auch starke Schmerzen in den Beinen.

– Können Sie gut schlafen?

– Nein, damit habe ich Probleme. Nachts kann ich überhaupt nicht schlafen. Ich gehe zum Arzt, und er gibt mir Schlafmittel. Weil ich immer an die Türkei denke, ist das so. Irgend etwas beschäftigt mich immer. Aber wenn ich die Tablette schlucke, fühle ich mich wohler und schlafe gleich.

– Wie ist es, wenn Sie in der Türkei sind?

– Als ob ich neu geboren wäre, da fehlt mir gar

nichts. Da sind mir sogar acht Stunden Schlaf zuwenig. Hier habe ich Sorgen. Besonders samstags und sonntags, wenn mich ein Gedanke nicht losläßt, kann ich es im Zimmer nicht mehr aushalten. In der frischen Luft spazierenzugehen, beruhigt mich etwas. Außerdem bin ich sehr vergeßlich. Wenn ich an meine Kinder und an die Türkei denke, vergesse ich alles, was ich weiß. Die Freizeit nimmt mich sehr mit.

– Vielleicht sollten Sie lesen, um sich abzulenken.

– Vom vielen Lesen werde ich müde und bekomme Kopfschmerzen.

– Haben Sie Kontakte zu Deutschen?

– Am Anfang waren die Deutschen freundlich. In den Jahren um 1965 mochten sie uns sehr gern. Am Arbeitsplatz mag man mich, da bin ich zufrieden. Aber ich habe keine Beziehung zu den Deutschen, kenne niemanden, den ich besuchen könnte, denn ich wohne schon seit zwanzig Jahren in diesem Wohnheim.

– Haben Sie Kontakte zu Frauen?

Er hielt kurz inne, und ich sah ihm an, daß er über diese Frage nicht erfreut war. Ich fragte ihn noch einmal. Da sah er prüfend zur Tür, dann zum Fenster, um zu sehen, ob jemand ihn hören könnte.

– In den ersten Jahren hier haben wir uns in den Bierlokalen unterhalten, aber ich hatte keine Beziehung, keine sexuellen Kontakte. Jetzt gehe ich gar nicht mehr in die Kneipe.

– Denken Sie daran, in die Türkei zurückzukehren?

– Wenn ich Rentner werde, werde ich zurückkehren. Ich werde noch ungefähr ein Jahr hierbleiben.

– Sie sagten, daß Sie seit zwanzig Jahren in diesem Arbeiterwohnheim leben. Welche Schwierigkeiten machen Ihnen am meisten zu schaffen?

– Mir fällt das Leben als Lediger sehr schwer. Außerdem waren die Zimmernachbarn oft nicht gut. Früher wohnten wir hier zu viert. Es ist nicht leicht, mit so vielen Menschen in einem kleinen Zimmer zu leben.

Jetzt leben wir zu zweit und bezahlen pro Kopf 155 DM.

– Welche Speisen essen Sie?

– Ich esse oft das, was ich mir aus der Türkei mitbringe. Zum Beispiel Weizengrütze, Tarhana, weiße Bohnen, Käse und Oliven. Wenn ich es hier durch den Zoll bringe, nehme ich auch Kavurma. Hier kaufe ich mir das Fleisch von Tieren, die von Türken geschlachtet wurden. Die von den Deutschen hergestellten Fleischwaren kaufe ich nicht, außer Hühnerfleisch. Ich koche immer für zwei Tage, ein bis zwei verschiedene Gerichte. Und ich esse viel Brot, ein Pfund türkisches Brot bei zwei Mahlzeiten.

– Feiern Sie Ihren Geburtstag?

– Nie, das mache ich nicht. Die Geburtstage werden mit Alkohol gefeiert. Das ist bei uns eine Sünde. An unserem Geburtstag sollten wir eigentlich weinen: Wir sind auf die Welt gekommen, aber unser Leben verbringen wir mit Sünden.

– Was machen Sie an Silvester?

– Gar nichts. Andere feiern, ich bleibe zu Hause.

– Warum?

– Silvester ist nichts für uns. Ich schaue denen zu, die feiern. Selbst feiere ich nicht.

– Wenn Sie bei Ihrer Rückkehr in die Türkei Ihre Enkel feiern sehen, was dann?

– Meine Enkel sind nicht bei mir. In meinem Haus feiere ich selbst nicht, erlaube es auch den anderen nicht. Aber wir essen Helva und Çerez.

– Ist das nicht auch feiern?

– Wir essen nicht nur zu Silvester Çerez. Çerez essen wir immer. Allerdings haben sich die Silvesterfeiern als Brauch durchgesetzt. Nachbarn kommen, um zum Neujahr zu gratulieren. Wir bieten ihnen Çerez an. Alkohol gibt es niemals.

– Und der Hochzeitstag?

– Nein, so etwas gibt es bei uns nicht. Wir hören, in

unserer Heimat wird das jetzt oft gemacht. In unserer Familie aber ist das nicht üblich.

– Aber bei der Heirat gibt es doch auch eine Feier.

– Ja, Hochzeit gibt es. Drei Tage und drei Nächte lang wird gegessen und getrunken.

– Verfolgen Sie die ökonomische und politische Entwicklung in der Bundesrepublik?

– Dazu habe ich keine Beziehung. Mit Politik kenne ich mich nicht gut aus. Die Politik der Deutschen verstehe ich nicht.

– Warum?

– Wir können hier nicht wählen, haben kein Wahlrecht. Wir sind Arbeiter.

– Würden Sie, wenn Sie Wahlrecht hätten, auch zur Wahl gehen?

– Selbstverständlich würde ich dann wählen. Ich würde mich bei den Deutschen erkundigen, wer was leistet, und würde zur Wahl gehen.

– Welche Programme verfolgen Sie im Fernsehen?

– Ich schaue das türkische Programm an, bei den anderen nur die Bilder.

– Was finden Sie an den Deutschen gut?

– Ihre Art, Freundschaft und Nähe zu zeigen. Wenn man nach einer Adresse fragt, helfen sie einem. Außerdem kann ich jederzeit in einer Stadt Verkehrsmittel finden.

Veli verabschiedet sich von mir, denn er muß zur Arbeit. In der Küche wird es jetzt lebendig. Der Raum füllt sich mit denen, die heute nicht zur Arbeit gehen – Alte, Kranke, Arbeitslose. Einige haben gerötete Augen, die meisten machen ein mürrisches Gesicht. Unter ihnen fällt mir ein großer, dunkelhaariger Mann auf. Er macht einen traurigen Eindruck, wie ein Mensch mit enttäuschten Hoffnungen und großem Kummer. Seine Bewegungen sind langsam, die Zigarette nimmt er gar nicht aus dem Mund und zeigt überhaupt kein Interesse für seine Umgebung. Als ich mich mit ihm unterhalte, erfahre ich, daß er in der Nachtschicht arbeitet.

A. Baydemir wurde 1945 in der Gemeinde Aslanpınar bei Kütahya geboren. Seine Familie zog ihn in größter Not groß. Obwohl er sich eine Schulbildung gewünscht hatte, konnte er nicht einmal die Grundschule abschließen. Er ist verheiratet und hat vier Kinder. Seine Ehefrau und die Kinder hat er nie in die Bundesrepublik mitgenommen, obwohl er seit 1970 hier lebt.

– Baydemir, warum konntest du deine Kinder nicht nachholen?

– Ich hatte eine alte Mutter, wollte sie nicht allein lassen. Meine Mutter ist gestorben, aber inzwischen sind die Kinder groß. Als die Kinder so alt wurden, daß sie ohne Mutter hätten auskommen können, begann die Diskussion über Visumzwang und Zuzugsbeschränkung für Kinder über sechs Jahre. Das alles macht mir Angst. Aus diesen Gründen konnte ich weder meine Ehefrau noch meine Kinder zu mir holen, um mit ihnen zusammenzuleben.

– Wann warst du zuletzt in Urlaub?

– Ich bin vor erst drei Tagen zurückgekommen. Jetzt bin ich etwas traurig. Denn ich habe mich wieder von den Kindern und der Familie getrennt. So bin ich wie betrunken. Sogar die Vögel wollen sich nicht von ihren Jungen trennen. Aber wir Menschen trennen uns, denn wir müssen unser Brot verdienen.

– Wenn du in der Türkei bist, gewöhnst du dich an die Kinder, die Kinder gewöhnen sich an dich. Aber bevor ihr eure Sehnsucht gestillt habt, mußt du dich wieder von ihnen trennen. Ich kann mir vorstellen, daß das für beide Seiten nicht leicht ist.

– Zumindest fünfundzwanzig bis dreißig Tage lang habe ich Depressionen. Wenn ich wegfahre, flehen mich die Kinder an: „Entweder nimm uns mit, oder bleib du auch hier!" Ich lenke sie ab und fahre trotzdem ohne sie. Aber dann sehen sie, daß ich nach einem

Jahr wiederkomme. Während ich in der Bundesrepublik war, wurden zwei meiner Kinder geboren. Jetzt ist das eine sieben, das andere neun Jahre alt. Ihre Erziehung ist nicht sehr gut, denn sie wachsen getrennt vom Vater auf.

– Wie geht es dir gesundheitlich? Hast du irgendwelche Krankheiten?

– Jetzt geht es mir noch gut, aber es sieht so aus, als ob es in Zukunft schlechter werden würde. Ich bin nicht mehr so beweglich wie früher. Ich habe Kreuzschmerzen, meine Augen sind schwächer geworden. Ich leide auch ein wenig unter Atemnot. Wenn ich eine oder zwei Stunden geschlafen habe, stehe ich auf, denn ich kann nicht viel schlafen. Wenn ich in der Türkei im Urlaub bin, kriege ich nie genug vom Schlafen. Es gibt Tage, da gehe ich ohne jeden Schlaf zur Arbeit. Dann habe ich wenig Ausdauer. Die meisten Arbeitsunfälle passieren wegen Schlaflosigkeit.

– Hast du seelische Probleme?

– Ja, ich habe manchmal Gedanken, die mich nicht

100

mehr loslassen. Vor lauter Grübeln wird mir alles eng. Dann fange ich an, im Gemeinschaftsraum des Hauses auf und ab zu gehen. Es gibt Augenblicke, da möchte ich die Bundesrepublik auf der Stelle verlassen. Ich denke an die Kinder, wie es ihnen wohl geht. Werden sie schlecht behandelt, sind sie verstört? Nicht die Arbeit, sondern diese Zustände bedrücken mich. Mein Schwager, er stammt aus meinem Dorf, hatte auch hier gearbeitet. 1977 hat er durchgedreht, ist verrückt geworden.

– Wie ist das passiert, kannst du ein bißchen erzählen?

– Er kam auch wie ich 1970 als Kumpel in die Bundesrepublik. 1976 heiratete er in der Türkei. Er blieb einen Monat bei seiner Frau und kam dann zurück zu seinem Arbeitsplatz. Nach kurzer Zeit bekam er einen anonymen Brief aus seinem Dorf. „Deine Frau ist auf die schiefe Bahn geraten, sie liebt andere." Das hat ihn sehr getroffen. Er fuhr sofort in die Türkei zurück und schickte seine Frau zurück zu ihrem Vater. Aber eigentlich war die Frau unschuldig. Als mein Schwager dann wieder in die Bundesrepublik kam, hat er zu trinken angefangen. Tag und Nacht war er in den Kneipen. Als er eines Tages im betrunkenen Zustand seine Kollegen im Heim beschimpfte, verprügelten sie ihn und schlugen ihm alle Zähne aus. Er wurde eine Zeitlang im Krankenhaus stationär behandelt. Nach der Entlassung begann er sofort wieder mit der Arbeit unter Tage. Nach einer Woche hatte er einen Unfall. Seine rechte Hand geriet zur Hälfte unter den Walzenlader, wurde zerquetscht und abgerissen. Wegen dieses Unfalls mußte er wieder ins Krankenhaus. Leider wurde er von Tag zu Tag geistig verwirrter. Er hat sich im Krankenhaus zweimal aus dem dritten Stockwerk hinuntergestürzt. Man sagt: „Wenn Allah einem das Leben nicht nehmen will, läßt er einen nicht sterben." Er hat beide Selbstmordversuche überlebt. Danach hat man ihn in ein

Nervenkrankenhaus in der Nähe von Hamm gebracht, drei Monate lang war er dort. Er wollte nicht länger dort bleiben. Mit Hilfe eines deutschen Bekannten haben wir erreicht, daß er entlassen wurde. Wir brachten ihn in seine Wohnung in Oberaden in Bergkamen. Diesen Augenblick kann ich gar nicht vergessen: Der alte Hausbesitzer hatte das Haus verkauft, der neue hatte alles, was meinem Schwager gehörte, aus dem Fenster in den Hinterhof geworfen! Seine Anzüge klebten auf dem Boden. Wir brachten ihn deshalb in das Heim, in dem er früher gewohnt hatte, aber dort hieß es: „Er hat mit dem Heim nichts mehr zu tun." Man wollte ihn nicht hineinlassen. Später, als die Gewerkschaft sich für ihn einsetzte, mußten sie ihm doch ein Zimmer geben. Aber das war noch nicht das Ende seiner Leiden, denn nun wollte ihn die Ausländerpolizei ausweisen. Wir haben wieder mit Hilfe der Gewerkschaft erreicht, daß er eine Aufenthaltsgenehmigung von drei Monaten bekam, um seine Rückreiseformalitäten zu erledigen. Er ist in die Türkei zurückgefahren. Jetzt ist er dort, aber er irrt als Geisteskranker im Dorf herum.

– Wie sind deine Arbeitsbedingungen?

– Am Anfang, als ich herkam, fiel mir die Arbeit unter Tage schwer. Jetzt habe ich mich daran gewöhnt. Ich arbeite acht Stunden, es werden dann aber doch zehn Stunden daraus. Bald, um neun Uhr, muß ich das Heim verlassen, ich werde erst um sieben Uhr früh zurückkommen. Wir machen die schwerste Arbeit. Ich will dir erzählen, was gestern passiert ist. Nach Arbeitsbeginn hat uns der Techniker die Arbeit zugeteilt. Wir mußten den Boden unter dem Walzenlader tiefer graben und freiräumen. Das haben wir gemacht, aber als die Arbeit fast beendet war, kam die Nachtschicht. Der Vorarbeiter kam mit fünf deutschen Arbeitern zu uns und sagte: „Diese Leute machen eure Arbeit weiter und ihr fangt da neu an." Er hat also die Arbeit, die die Deutschen hätten machen müssen, uns zugeteilt und unsere Arbeit den Deutschen gegeben. Wir hatten doch unsere Arbeit schon beendet. Deswegen wollten wir nicht neu anfangen. Aber er antwortete: „Ihr werdet das machen, ihr müßt das machen." Am nächsten Morgen beschwerte sich der Vorarbeiter bei den Technikern über uns, obwohl wir zuletzt auch die Arbeit der Deutschen erledigt hatten. Die Techniker glauben, was die anderen sagen. Wir sind Fremde, wir können uns nicht verteidigen, deswegen hören sie nicht auf uns.

– Denkst du daran, in die Türkei zurückzukehren?

– Wenn ich meine Rente bekomme, werde ich zurückkehren, denn ich halte das hier nicht mehr aus. Wenn man alt ist, ist Alleinsein noch schwerer.

– Hast du in der Bundesrepublik immer als Lediger gelebt, hast du keine Beziehungen zu Frauen gehabt?

– Ab und an habe ich mir Seitensprünge erlaubt, aber ich habe keine feste Freundschaft mit einer Frau gehabt. In den ersten Jahren war ich mit Freunden zusammen in Bordellen. Jetzt gibt es das nicht mehr, dieses Kapitel habe ich abgeschlossen.

– Verfolgst du die ökonomische und politische Situation in der Bundesrepublik?

– Mit Politik beschäftige ich mich nicht. Ich habe kein passives und kein aktives Wahlrecht. Als türkische Arbeiter sind uns die Hände gebunden. Niemand kümmert sich um unsere Sorgen.

Das türkische Radioprogramm, das jeden Abend vom WDR in türkischer Sprache gesendet wird, beginnt. Der Zimmergenosse Baydemirs stellt sein Kofferradio an. Aus den anderen Zimmern gesellen sich mehrere Männer zu uns, um das Radioprogramm mitzubekommen. Als die Nachrichten aus der Türkei und aus der Bundesrepublik verlesen werden, hören nicht viele zu, aber als Volkslieder an der Reihe sind, wird ihre Unterhaltung wie von selbst leiser. Es wird ganz still im Raum. Ein türkischer Sänger mit dunkler Stimme singt:

„Ihr Berge, ich will euch durchlöchern, mit Löchern durchbohren/Deine Erde will ich schütten durch das Sieb." H. Çile aus Karaağaç bei Manisa sagt: „Komm her, siebe mal die Erde in der Bundesrepublik und sieh dir an, wie es uns geht. Wann ist endlich Schluß mit diesem verdammten Militärdienst!" Alle Männer lachen laut.

H. Çile ist 1942 geboren, er kam 1971 als Bergarbeiter in die Bundesrepublik. Auch er hat, seit er hier ist, immer unter Tage gearbeitet. Er ist verheiratet und hat zwei Kinder. 1973 holte er seine Frau nach, aber sie konnte sich nicht an das Klima hier gewöhnen, hatte deshalb oft Magen- und Kopfschmerzen. Schließlich mußte er sie 1976 wieder in die Türkei zurückbringen. Çile sagt: „Als sie in die Türkei zurückkehrte, hörten ihre Beschwerden auf. Sogar die Luft in unserem Land ist wie eine Medizin."

– Du hast erlebt, wie traurig es ist, jahrelang von der Ehefrau und den Kindern getrennt zu sein. Hast du nicht versucht, deine Frau nach 1976 wieder hierherzuholen?

– Nein, ich habe nichts unternommen, sie wieder hierherzuholen. So zu leben, fällt mir wirklich schwer. Aber ich kann das leider nicht ändern. Wir sind Dorfkinder, von Anfang an haben wir gelernt, mit Sorgen und Schwierigkeiten fertig zu werden. Ich bin gerade vom Urlaub zurückgekommen. Die Trennung fiel mir schwer. Als ich morgens aus dem Haus ging, kam meine neunjährige Tochter, umarmte mich und weinte: „Mein lieber Vater, du läßt uns wieder allein." Ich hatte bis dahin noch gar nicht geweint, aber da mußte ich auch weinen. Außerdem beeinflußt die Trennung auch die Leistung der Kinder in der Schule. Man hat mir erzählt, daß mein Sohn im Unterricht oft sehr nachdenklich dasitzt.

– Wie geht es dir gesundheitlich?

– Ich habe Kreuzschmerzen und Nierensteine. Die

Ärzte sagen auch, daß mein Herz unregelmäßig arbeite. Deswegen war ich vier Monate in Kur.

– Die meisten Kollegen haben gesagt, daß sie aus verschiedenen Gründen unter Depressionen leiden ...

– So geht's auch mir. Wer von uns ist schon gesund? Obwohl ich noch nicht alt bin, leide ich unter Vergeßlichkeit und Nervosität. Weil ich immer an die Türkei denke, fühle ich mich ständig unter Druck. Zum Beispiel mache ich mir Sorgen darüber, ob es morgen einen Arbeitsunfall gibt oder nicht. Vierzehn Tage, bevor mein Urlaub zu Ende geht, sehe ich schon die Arbeit vor meinen Augen. Ich kann sagen, ich fange dann an, in der Zeche auf und ab zu fahren.

– Kannst du mir etwas von deinen Arbeitsbedingungen erzählen?

– Ich habe eine schwere Arbeit. Zu meiner Gruppe gehören zwanzig Leute. Davon sind nur drei Deutsche, alle übrigen sind Türken wie ich, alle haben große Sorgen. Die Deutschen kommandieren uns herum. Am Feierabend müssen wir die Arbeitswerkzeuge mindestens fünfhundert Meter auf den Schultern tragen. Sie bauen keine Schuppen in der Nähe.

– Ich habe von manchen Bergleuten gehört, daß die Kumpel unter Potenzschwierigkeiten leiden. Stimmt das?

– Nun, bei mir weiß man das noch nicht. Ich bin ledig und jung. Wenn ich in die Türkei gehe, wird sich das rausstellen.

– Willst du in die Türkei zurück?

– Jetzt habe ich noch keine solchen Pläne. Über die Zukunft kann ich dir nichts sagen.

Innerhalb kurzer Zeit werde ich mit den Arbeitern im Heim ziemlich vertraut. Sie machen mich mit den Kollegen bekannt, die gerade Feierabend haben, und ich unterhalte mich mit ihnen. Es ist inzwischen Nacht geworden, aber da es Sommer ist, sind die Tage lang, und es ist draußen noch hell. Inzwischen habe ich großen Hunger bekommen. Bevor ich das sagen kann, laden sie mich zum Essen ein. Wir essen gemeinsam einen dünnen Kartoffeleintopf mit viel Brot. Weil die Eßtische sehr schmal sind, stoßen wir beim Essen fast mit den Köpfen zusammen. „Du mußt wegen der vielen Mängel nachsichtig mit uns sein", sagt einer. „Wir können dich nicht bewirten, wie wir es eigentlich wollen. Wir sind nicht zu Hause, unsere Möglichkeiten sind hier begrenzt. Du weißt doch, wie gastfreundlich wir sind. Aber hier vergessen wir sogar beinahe unsere schönen Sitten."

Ein Arbeiter kommt herein und begrüßt mich, als ob wir uns schon lange kennen würden. Dann setzt er sich mir gegenüber, und mein Tischnachbar sagt: „Du mußt mal Hoca efendi fragen, er hat viel zu erzählen." Er ist ein kleiner Mann, hat eine Glatze, man sieht aber noch, daß seine Haare früher blond gewesen sind. Beim Sprechen pfeift er aus seinen Zahnlücken. Freundlich, aber ungeduldig wartet er darauf, endlich erzählen zu können.

„Landsmann", sagt er in seinem Schwarzmeerdialekt, „ich habe gehört, du bist hier, um über unsere Sorgen zu schreiben. Du brauchst nur zu fragen, ich erzähle dir alles."

I. Aydin wurde 1939 in Trabzon Çaykara geboren. 1964 kam er als Kumpel in die Bundesrepublik. Nach achtzehn Jahren Arbeit unter Tage hatte er einen Arbeitsunfall, und seitdem arbeitet er nicht mehr unter Tage. Er ist Vater von sechs Kindern. Seine Frau und die Kinder lebten die ganze Zeit in der Türkei. Wenn im Arbeiterwohnheim kein Hoca anwesend ist, übernimmt er seine Aufgaben.

– Aydın, kannst du mir erzählen, wie viele Arbeitsunfälle du hattest? Welche Spätfolgen hast du davon?

– Ich hatte viele Arbeitsunfälle. 1972 hatte ich einen Schädelbruch; ein Eisen war mir auf den Kopf gefallen. Ich lag einen Monat im Krankenhaus. Dann habe

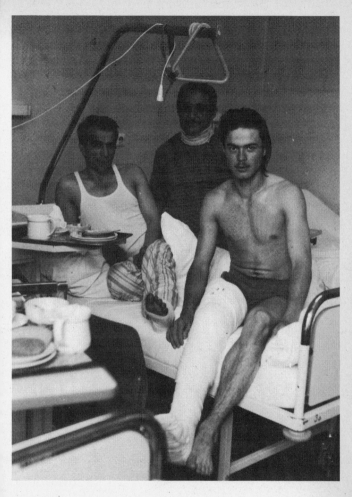

ich zwei Jahre lang Rente bekommen. Bei einem anderen Unfall brach ich mir den Fuß. Weil ich auf den Knien arbeite, habe ich an meinem rechten Knie einen Meniskusschaden davongetragen und mußte operiert werden. Das sind die größeren Unfälle. Die kleineren brauche ich wohl nicht zu erzählen.

– Wie geht es dir gesundheitlich?

– Seit dem Unfall leide ich unter Anfällen. Mindestens alle vier Wochen habe ich einen Anfall. Die Ärzte sagen, ich hätte einen Herzklappenfehler. Davon habe ich Schmerzen. An meinen Händen habe ich ein Ekzem. Von Zeit zu Zeit habe ich sehr starke Kopfschmerzen. Wenn ich meine Beruhigungstabletten nicht nehme, geht es mir schlecht. Manchmal habe ich das Gefühl, als ob mein Schädel zerspringen wollte. Dann darf mir niemand unter die Augen kommen.

– Bist du mit deiner Arbeit zufrieden?

– Früher habe ich manchmal achtzehn Stunden gearbeitet. Wer mich so sah, sagte mir: „Du hast zwei Herzen." Aber jetzt habe ich überhaupt keine Lust mehr. Wegen meiner angeschlagenen Gesundheit kann ich das nicht mehr. Ich könnte immerzu nur liegen.

– Warum hast du deine Ehefrau und die Kinder bis jetzt nicht zu dir geholt?

– Weil ich nicht für immer hierbleiben will. Am Anfang wollte ich in ein paar Jahren zurückfahren. Das hat nicht geklappt. Die Bedürfnisse wurden immer größer, und später konnte ich nicht mehr zurück. Auf der anderen Seite habe ich viele Kinder. Ich muß für alle das Brot verdienen. Jetzt habe ich noch dazu Probleme mit meiner Gesundheit. Zwanzig Jahre habe ich in diesem Land gearbeitet. Wer würde mir Arbeit geben, wenn ich jetzt in meinem Zustand in die Türkei zurückkehren werde. Würdest du an meiner Stelle zurückgehen?

– Wie hast du so viele Jahre den Kummer der Trennung von deiner Frau und den Kindern ertragen?

– Frag mich nicht. Das war sehr schwer, ich hatte sehr schlechte Tage. Ich habe sogar Depressionen gehabt, das haben mir manche Ärzte attestiert. Wir sind auch Menschen, wir haben auch ein Selbstbewußtsein. Dort sind die Frauen Witwen, hier sind wir Witwer. Seit zwanzig Jahren habe ich in Deutschland nicht mit einer Frau geschlafen. Ich war nie in einer Kneipe. Ich trinke nicht, kenne kein Kartenspiel. Den Kindern schreibe ich jeden Monat einen Brief. Einmal habe ich dieses Gedicht geschrieben: Ich gehe in die Zeche/Es dauert lang bis ich wieder rauskomme/Ich sehe die Sterbenden/Ich habe immer noch Mut. Morgens um sechs/Ich bin unterwegs zur Arbeit/An unserem Arbeitsplatz/Herrscht die Kraft der Maschine.

– Alle diese Jahre haben bei dir sicher auch seelische Krisen ausgelöst.

– Du hast recht, denn manchmal geht es mir sehr schlecht. Besonders, wenn ich Ungerechtigkeiten mitbekomme, werde ich nervös. Auf der anderen Seite, wenn ich mal an etwas zu denken anfange, kann ich bis in den Morgen nicht schlafen. Deswegen nehme ich Beruhigungstabletten. Ich bin sehr vergeßlich geworden. Früher war ich so klar im Kopf. Ich konnte den Koran auswendig. Jetzt darfst du mich so etwas nicht fragen. Sogar beim Gebet vergesse ich manches.

– Wo verbringst du deine Freizeit?

– Ich unterhalte mich mit Freunden, bete. Manchmal machen wir eine Fahrt nach Dortmund und gehen dort in ein türkisches Lokal zum Essen. Ich besuche keine deutschen Nachbarn, denn ich habe keine Beziehung zu ihnen.

– Welche Veränderungen hat es bei deinen näheren Verwandten in der Türkei gegeben?

– Seit meinem letzten Urlaub sind vierzehn Monate vergangen. Mein Jüngstes ist ein Jahr alt geworden, ich habe es noch nicht gesehen. Auch die meisten meiner Enkelkinder habe ich noch nicht gesehen. Von meinen näheren Verwandten sind manche gestorben, ich konnte nicht zu ihrer Beerdigung gehen.

Einige Tage später. Ein sonniger Spätnachmittag. Wie so oft sind wir in dem Arbeiterwohnheim in ein gemütliches Gespräch vertieft. Alle erzählen über ihre Erfahrungen und Erlebnisse. Am Tisch vor dem kleinen Fenster des Dreibettzimmers ist kein Platz mehr. Die meisten sitzen auf den Betten. Wir trinken Tee aus türkischen Gläsern. Auf dem Tisch liegen einige Reklamezeitungen ausgebreitet, als Tischdecke. Im ganzen Heim benutzt fast niemand Tischdecken.

S. Eğilmez, ein Arbeiter, der eine eigene Wohnung hat, erzählt, daß er oft hierherkomme, um seine Freunde zu besuchen. Er nimmt seinen Hut ab, der seinen Kopf nicht ganz bedeckt, und wischt sich mit einem Taschentuch die Schweißperlen vom Gesicht. Obwohl es heiß ist, hat er Hemd, Pullover und noch eine Jacke an.

Seine Freunde fragen ihn: „Wie siehst du denn aus? Wie kann man sich an einem Sommertag so dick anziehen?"

„Ihr dürft nicht darauf achten, daß ich schwitze, ich friere", sagt er.

Ich versuche, mit S. Eğilmez ins Gespräch zu kommen und erkundige mich nach seinem Befinden, aber im Beisein seiner Kollegen wird er immer verschlossener und will nicht sprechen. Später aber finde ich eine Möglichkeit, mit ihm zu reden.

S. Eğilmez ist 1944 in Balikesir geboren und kam 1973 als Bergarbeiter in die Bundesrepublik. Seitdem arbeitet er unter Tage. Er ist verheiratet, hat zwei Kinder; seine Frau und die Kinder leben mit ihm zusammen.

– Welche Sorgen hast du, worunter leidest du?

– Mein psychisches Gleichgewicht ist nicht in Ordnung. Ich habe ein ärztliches Attest, „psychisch ist er nicht normal" steht da drin. Mindestens einmal im Jahr habe ich eine Krise. Die dauert ungefähr einen Monat. In solchen Zeiten lasse ich mich meist krank schreiben, aber manchmal arbeite ich dann auch. Wenn ich so eine Krise habe, spreche ich nicht so wie jetzt. Ich gehe den Menschen aus dem Weg.

– Gehst du dann zum Arzt?

– Ich gehe zum Arzt. Er gibt mir Medikamente. Auch jetzt lasse ich mir normalerweise einmal pro Woche eine Spritze geben. Ich gehe auch zum Hoca, er macht mir einen Talisman, aber ich kann ihn nicht tragen.

– Warum?

– Ich fürchte, daß meine Kollegen in der Dusche den Talisman sehen. Ich schäme mich davor.

– Wie ist die Beziehung zu deiner Ehefrau und zu den Kindern während der Krise?

– Ganz normal, da gibt es keine Schläge oder Randalieren. Ich habe dann eine größere Phantasie, breche die Kontakte zu meiner Umwelt fast ab, bin voller Gedanken, die mich beschäftigen. Ich brauche in solchen Zeiten sehr viel Ruhe und kann dann nicht einmal einen Wecker im Haus ertragen. Das bleibt so, bis diese Phase wieder vorbei ist.

– Eğilmez, du hast es ja auch erlebt: Die ersten Jahre in der BRD sind anders. Viele, die aus den Dörfern und Kleinstädten der Türkei als Arbeiter hierherkamen, konnten sich nicht an die Lebens- und Arbeitsbedingungen gewöhnen, mit denen sie plötzlich konfrontiert wurden. Welche Erfahrungen hast du gemacht?

– Mit einer Gruppe von Arbeitern kam ich zuerst in das Städtchen Werne. Als wir im Arbeiterwohnheim ankamen, suchten wir gleich Teegläser. Teekessel hatten wir aus der Türkei mitgebracht, aber Gläser besaßen wir keine. Als wir im Zimmer keine Gläser fanden, haben wir eine Colaflasche ausgewaschen und daraus Tee getrunken. Danach sind wir sofort, noch bevor wir die Koffer öffneten, in ein Bierlokal gegangen. Ab diesem Tag war ich elf Jahre lang regelmäßig in Bierlokalen.

– Warum bist du in die Bierlokale gegangen?

– Meine Familie war nicht hier. Meine Freunde gingen auch dahin. Wir haben uns gegenseitig beeinflußt und sind alle hingegangen, zum Trinken und für Glücksspiele.

– Gehst du immer noch hin?

– Nein, vor drei Jahren, als mein Arzt mir's verboten hat, habe ich aufgehört. Nachdem ich den Alkohol aufgegeben habe, habe ich auch mit dem Glücksspiel aufgehört. Ich habe mich mehr der Religion zugewendet. Ich bete fünfmal am Tag. Wenn ich nicht beten würde, würde ich vielleicht wieder zu trinken anfangen. Gott bewahre!

– Hast du, als du allein warst, Beziehungen zu Frauen gehabt?

– Ich hatte Beziehungen zu Frauen, hatte aber keine Freundin. Meine einzigen Freunde waren die Geldautomaten.

– Wenn du erlaubst, will ich dich etwas über deine Krankheit fragen: Wann hat bei dir die Krankheit angefangen?

– Wegen zuviel Alkohol und Tabletten hatte ich mein geistiges Gleichgewicht verloren. Sie haben mich ins Krankenhaus gebracht, mir eine Zwangsjacke angezogen und mich in einem Einzelzimmer gefesselt. Ich habe laut gebetet und meine Fesseln gelöst. Als ich aus der Tür des Zimmers trat, sah ich eine Schwester und einen Pfleger auf mich zukommen, mit einem Rasiermesser und einer Spritze in der Hand. Aus Angst davor, sie wollten mich kastrieren, bin ich auf sie losgerannt und soll sie auf ihre Hände geschlagen haben. Ich kann mich erinnern, daß sie mich in dem Krankenhaus eine Weile verfolgten. Sie haben mich gefangen und mir eine Spritze gegeben. Dann haben sie mich ins Nervenkrankenhaus geschickt. Dort bin ich fast einen Monat geblieben.

– Beeinflußt die Arbeit in der Zeche die Potenz? Manche sagen, daß die Zeche in dieser Hinsicht gefährlich sei?

– Das wird wohl richtig sein. Es wird erzählt, daß man dem Wasser in der Zeche ein Medikament beimischt, damit die Leute ruhig bleiben. Meist trinke ich dort nichts.

– Was gefällt dir an Deutschland am meisten?
– Ich will dir nicht die Unwahrheit erzählen. Am meisten gefallen mir das Bier und das Geld. Die Frauen taugen nichts, denn sie sind untreu!

Viele Türken in Bergkamen ziehen abends von einem türkischen Bierlokal zum anderen. Ich war erstaunt darüber, denselben Gesichtern mehrmals in verschiedenen Lokalen zu unterschiedlichen Zeiten zu begegnen. Aufgrund meiner Beobachtungen kam ich zu dem Schluß: Sie konnten nicht das finden, was sie suchten, sie hatten an nichts Spaß. Nach ein, zwei Stunden in einem Bierlokal langweilten sie sich und gingen von neuem auf Suche. Etwas anderes ist mir auch aufgefallen: Es gab eine kleine Gruppe von deutschen Frauen, die diese Langeweile der türkischen Arbeiter auszunutzen versuchten.

Der größte Teil der Türken, die Kneipen besuchen, sind ledig. Auch die, die mit ihrer Familie hier wohnen, bringen niemals ihre Ehefrauen mit in die Bierlokale. Bei dem Mangel an Frauen können sogar häßliche Frauen, die man draußen nicht anschauen würde, hier die Stimmung heben und eine gewisse Atmosphäre erzeugen. Deswegen mögen auch die Wirte diese deutschen Frauen, die von Lokal zu Lokal ziehen und so den Mangel an Frauen ausgleichen. Denn sie ziehen die Gäste an und unterhalten sie.

N.Ö. ist 1932 in Kirsehir-Mucur geboren. 1964 kam er als Kumpel direkt nach Bergkamen. Seit einundzwanzig Jahren arbeitet er unter Tage und lebt in demselben Wohnheim. In diesen einundzwanzig Jahren hat er nur zweimal sein Zimmer gewechselt. Er ist Vater von sechs Kindern; seine Ehefrau und die Kinder hat er nie mitgenommen.
– N.Ö., warum hast du deine Kinder nicht hierhergebracht?

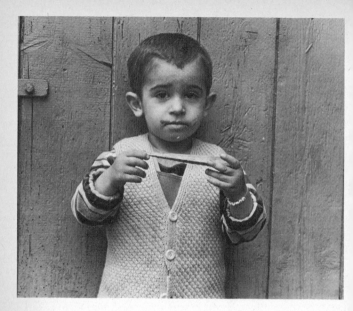

– Ich bin nicht dafür, daß meine Kinder sich an die hiesigen Bedingungen anpassen. Ich will ihre Erziehung nicht erschweren. Auch wenn ich sie hier zum Korankurs schicken würde, würden sie auf der Straße lauter schlechte Sachen sehen. Zum Beispiel Leute, die sich küssen. Vielleicht würde eines von ihnen einen Deutschen heiraten wollen. Als Erwachsene müssen wir an alles denken.

– Wenn sie einen Deutschen heiraten würden, was würde das ausmachen?

– Die Kinder, die sie bekämen, würden wie von einem Pferd und Esel, wie Maultiere sein. Sie wären weder Türken noch Deutsche! Sie wären weder dem Vater noch der Mutter ähnlich. Ich kann etwas, was die Religion verbietet, nicht tun. Sowieso ist einer, der die Regeln seiner Religion nicht befolgt, kein Mensch.

– Wenn es aber so ist, dann ist in Deutschland arbeiten auch gegen die Regeln der Religion. Werden denn

Brot und die anderen Lebensmittel und die Kleider nicht von den Deutschen hergestellt?

– Nein, ich kaufe alles mit meinem ehrlich verdienten Geld. Was meinem Glauben widerspricht, das kaufe ich nicht und esse ich nicht.

– Wie stehst du dazu, daß deine Kinder ohne ihren Vater aufwachsen?

– Ihre Mutter ist bei ihnen. Sie nimmt meinen Platz ein. Im übrigen schicke ich ihnen von hier genügend Geld. Ich fahre jedes Jahr zwei Monate in Urlaub. Dann kümmere ich mich um alles. Ich bemühe mich um die Erziehung und Ausbildung der Kinder und gebe Anweisungen. Außerdem schreibe ich jede Woche von hier einen Brief, rufe an und spreche mit ihnen. Wenn ihnen etwas fehlt, fahre ich gleich hin. Das ist für mich kein Problem.

– Ist es denn einfach, von der Ehefrau getrennt zu sein?

– Ich muß sie bei den Kindern lassen, sonst könnten die Kinder ihre Ausbildung nicht beenden. Für mich gibt es keine Schwierigkeiten. Nur so ungefähr sechs Monate, bis ich die Sprache konnte, hatte ich Schwierigkeiten.

– Kommt deine Frau mit dem Alleinsein zurecht?

– Das weiß ich nicht. Auch wenn es schwer war, sie hat es ertragen. Wer kein Geld hat, hat auch keine Ehre. Ich meine, er wird nicht geschätzt.

– Bist du immer treu geblieben?

– Ja, ich bin immer treu gewesen. Ich habe mit keiner Frau eine Beziehung gehabt. Ich bin mit meiner Ehre gekommen und werde mit meiner Ehre in meine Heimat zurückkehren. Wenn ich das Geld, das ich hier verdiene, hier ausgeben würde, welchen Nutzen hätten meine Heimat und meine Religion davon?

– Kochst du dein Essen immer selbst?

– Ich koche immer selbst, türkischen Reis, weiße Bohnen, Nudeln, alle Speisen koche ich nach türkischem Brauch.

– Gehst du ins Kino oder Theater?

– Nein, so etwas mag ich nicht.

– Was machst du in deiner Freizeit?

– Ich komme müde von der Arbeit. Samstag, Sonntag koche ich, wasche meine Wäsche. Dann gehe ich in die türkischen Bierlokale und verbringe dort meine Zeit.

– Ist es nicht langweilig, zwanzig Jahre in demselben Wohnheim, im selben Zimmer zu leben?

– Nein, das war nicht langweilig; ich habe mich um meine eigenen Sachen gekümmert. Jetzt wohne ich in einem Einzelzimmer.

– Wann willst du in die Türkei zurückkehren?

– Ich kann nicht zurück, bevor ich Rentner werde.

– Wie viele deiner nächsten Verwandten haben in der Zeit, in der du hier bist, geheiratet? Wie viele haben Kinder bekommen, und wie viele sind gestorben?

– Ich will mal zählen, eins, zwei ... Ja, fünf meiner

Kinder haben geheiratet. Sechs Enkelkinder sind geboren, und ein Sohn ist gestorben.

– Was gefällt dir an den Deutschen?

– Drei Sachen gefallen mir hier: die Krankenhäuser, die Straßen und die Friedhöfe! . . .

N. Ö. dreht sich in die Richtung der deutschen Frauen, die an der Theke sitzen. Er kann seine Augen nicht von ihnen abwenden. Ein Deutscher, der so viel getrunken hat, daß er kaum noch stehen kann, wirft Geld in die Musikbox. N. Ö. lauscht entrückt der deutschen Musik, sein großer, kahler Kopf bewegt sich hin und her. Er versucht, den Takt zu halten, ohne es mich merken zu lassen. In sehr schlechtem Deutsch lädt er eine junge deutsche Frau zum Kartenspielen ein. Man sieht, daß die Frau ihn von früher kennt, aber sie kümmert sich nicht um seine Einladung. Sie hält nach Gästen Ausschau, die ihr etwas zum Trinken ausgeben würden. Aber N. Ö. wiederholt seine Einladung immer wieder. Man kann ahnen, was in ihm vorgeht. Er traut sich aber nicht zu sagen: „Bitte versteh mich, ich verlange nicht viel. Eine Zeit dir gegenüber zu sitzen, reicht mir schon." Als die junge Frau sich endlich bereit erklärt, mit ihm Karten zu spielen, springt N. Ö. erfreut auf und setzt sich an den Nebentisch, weil an unserem Tisch nicht genug Platz ist. Von seinem Sitzplatz aus ruft er dem Wirt zu: „Bring uns erst einen Satz Spielkarten und dann für Erika etwas zu trinken. Was sie haben will!" Als er der Frau gegenübersitzt, ist er wie umgewandelt. Es ist, als ob die ganze Welt ihm zu Füßen läge. Er ist ein anderer Mensch geworden – von einem auf den anderen Moment.

Die meisten türkischen Arbeiter, deren Ehefrauen in der Türkei geblieben sind, versuchen sich zwischen zwei Welten ein Leben zurechtzuzimmern. Sie können ihre angestammten Haltungen und Überzeugungen nicht den neuen Lebensbedingungen entsprechend verändern. Aber sie können sich auch nicht ständig gegen das Leben wehren, werden schwach und lassen sich zuletzt doch vom Strom mitreißen. Damit beginnt in ihrem Leben ein neues Kapitel: Sie wehren sich heimlich gegen die türkische Lebensweise, knüpfen Beziehungen zu Prostituierten an. Ein Teil dieser Bedürfnisse, die sich in der Fremde entwickeln, werden vor ihren Familien und anderen näheren Verwandten verheimlicht.

F. Özel, geboren 1943 in Balıkesir, arbeitete in der Türkei als Herrenfrisör und kam 1973 als Bergarbeiter nach Deutschland. Er ist verheiratet und hat zwei Kinder. In den ersten Jahren brachte er auch seine Frau und Kinder mit, aber als seine Kinder in der Schule Schwierigkeiten bekamen, schickte er sie nach zwei Jahren in die Türkei zurück. F. Özel lebt seit fast zehn Jahren allein im Arbeiterwohnheim. Er erzählt: „Ich leide unter Schlafstörungen, länger als zwei Stunden kann ich nicht schlafen. Ich werde immer vergeßlicher. Ich kann nicht dorthin, wo viele Menschen sind. Ich kann Ungerechtigkeiten nicht mehr ertragen."

– Wie verbringst du deine Wochenenden?

– Ich gehe in Tanzlokale und vergnüge mich.

– Hast du Beziehungen zu Frauen?

– Schon, die gehen aber nicht sehr weit. Man braucht die Frauen, um nicht in zu große Krisen zu geraten. Das gibt einem eine Art moralische Stärke.

– Gibt es zwischen dir und deinen Freunden deshalb Auseinandersetzungen?

– Nun, sie fragen mich: „Wie kannst du eine Frau küssen, die Schweinefleisch ißt?" Ich antworte ihnen: „Ich trinke achtzigprozentigen Alkohol. Weil sie das Schweinefleisch nicht neben mir essen, wird das weggewaschen." Ich sage noch dazu: „Eine Schöne anzuschauen, ist ein Gottesgeschenk."

– Schauen die anderen denn die Schönen nicht an?

– Doch. Trotzdem werfen sie es mir vor. Zugleich hat jeder Angst vor den anderen, befürchtet, daß man alles in der Türkei an die Angehörigen weitererzählen könnte.

– Wenn deine Ehefrau davon hört?

– Dann sage ich: „Kennen mich die Fremden besser als du?" Offen gesagt streite ich ab, was ich in Deutschland mache. Sie glaubt mir. Außerdem nehme ich viele Geschenke mit. Und so vertragen wir uns.

– Und wenn sie das gleiche machen würde?

– Das geht bei uns nicht. Aufgrund der Sitten, Bräuche und der sozialen Kontrolle geht das nicht. Wenn sie sich mit Männern einließe, würde das die Scheidung bedeuten, die Familie würde auseinandergerissen. Es gibt ein Sprichwort: „Die Männer teilen ihre Einkommen, ihre Pläne und ihre Geheimnisse nicht den Frauen mit."

F. Özel erzählt freimütig, ohne sich wegen seiner Kollegen, die sich um ihn versammelt haben, zurückzuhalten. Er betont, daß es ihm gesundheitlich nicht so gut gehe: „In letzter Zeit bin ich nervös geworden. Mehrmals in der Woche habe ich Schwindelanfälle. Wenn ich diese Kopfschmerzen bekomme, habe ich das Gefühl, als ob mir das Blut aus den Ohren flösse. Als junge Menschen sind wir nach Deutschland gekommen, als Schrott werden wir zurückkehren." Er hält einige Minuten inne, sieht seine Kollegen an, wartet auf ihre Antwort, nimmt dann einen tiefen Zug von seiner Zigarette und spricht weiter: „In den ersten Jahren haben wir manchmal sechzehn Stunden am Tag gearbeitet. Damals freuten wir uns, daß wir den Deutschen einen zusätzlichen Tageslohn abgenommen hatten. Aber später, als wir unsere Gesundheit verloren, merkten wir, daß wir uns selber beschissen haben. Doch auch wenn wir mit dem Kopf gegen die Wand rennen, das nützt uns jetzt nichts mehr!"

Die türkischen Arbeiter, die mit Frau und Kindern hier leben, leiden unter anderen Problemen: Sehnsucht nach der Heimat und nach den Eltern; Sorgen, weil sie in ihrem Dorf oder ihrer Kleinstadt keine Felder, Läden, Häuser oder andere Immobilien kaufen können; Unruhe wegen ihrer hohen Verschuldung bei den Banken.

„Die Verhältnisse hier haben uns krank gemacht."

Er schaut aus dem Fenster seiner Wohnung im Bergkamener Stadtteil Rünthe den vorbeifahrenden Autos zu. Der Krach stört ihn. Seine Frau kocht in der Küche Tee. Aus dem Wohnzimmer hört man die munteren Stimmen der spielenden Kinder. Alle vier wurden in der Bundesrepublik geboren. „Wenn dieser Krach nicht wäre", sagte er zu mir, „könnte ich mich besser erholen."

L. Şentürk stammt aus Kütahya. In seinem Dorf war er Bauer, er hatte nicht einmal die Grundschule abgeschlossen. 1970, mit 23 Jahren, kam er in die BRD und arbeitet seit 1971 unter Tage. Die unbekannte Welt und die ungewohnten Schwierigkeiten verwirrten ihn. Seit 1982 leidet er an einer Herzkrankheit: „Wenn nicht meine seelischen Probleme dazukämen, könnte ich sagen, daß ich gut lebe." Er fährt fort: „Wenn ich an die Türkei denke, geht es mir noch schlechter. Ich werde nervös. Mein Kopf gerät durcheinander. Ich gehe dann hinaus, um mich auszulaufen. Mein Arzt sagt: ‚Geh spazieren.' Außerdem halte ich das Gedränge in der Wohnung nicht aus. Noch ein paar Leute mehr, und ich würde abhauen!"

H. G. ist 1973 aus Kayseri als Kumpel nach Deutschland gekommen. Seine Frau und seine sieben Kinder sind bei ihm. Er sagt, daß er sehr nervös sei und unter Atemnot leide. „Ich arbeite schon so viele Jahre in Deutschland, aber ich konnte in der Türkei noch gar nichts kaufen. Alle meine Bekannten haben Läden, Häuser, Grundstücke gekauft. Diese Situation bedrückt mich. Deswegen bin ich oft abwesend und vergeßlich, verlege alles, bin immer mit irgendwelchen Gedanken beschäftigt. Entspannen kann ich mich nur in der Türkei." Auch G.s Frau beklagt sich über die Nervosität ihres Mannes: „Das ist nicht gut, wenn man sich immer aufregt. Er plagt sich, als ob alle Probleme der Welt auf ihm lasten würden. Das schadet auch den Kindern. Werden sie nicht denken, das ist das Leben unserer Eltern, wird es uns nicht auch so ergehen?"

I. Ç., verheiratet, vier Kinder, sagt über sich selbst: „Ich bin 1944 in Afyon geboren, aber es wäre besser, wenn meine Mutter mich nicht zur Welt gebracht hätte. 1971 kam ich nach Deutschland – leider. Seit ich hier bin, habe ich in der Zeche unter Tage gearbeitet. Ich habe einen Bandscheibenschaden, eine chronische Ohrenentzündung und Herzflattern. Deswegen arbeite ich seit 1982 nicht mehr unter Tage. Was nutzt mir diese Arbeit jetzt noch? Gesundheitlich bin ich nur noch ein halber Mensch. Ich fühle mich wie ein vertrocknetes Skelett." Sein Herz ist so voll, daß er jeden Augenblick weinen könnte, wenn man ihn anspricht. Er ist wirklich in einem erbarmungswürdigen Zustand. Mit seinen finanziellen Schwierigkeiten und der für ihn fremden Lebensweise kommt er nicht zurecht. In vierzehn Jahren war er mit seiner Familie ein einziges Mal in einem Restaurant. Bei der Bank hat er einen Kredit aufgenommen, um in seiner Heimatstadt ein Haus zu bauen. „Ich kann das Haus nicht bezahlen", sagt er. „Das macht meine Sorgen noch ärger. Wenn die Bank uns das Haus wegnimmt, wie soll ich meinen Bekannten noch in die Augen sehen? Wenn ich an alles denke, kommt ein Bedrängnis über mich, als ob mein ganzer Körper mit Messern zerstochen würde."

„Wir denken: Da haben wir nun Geld; aber wo ist unsere Gesundheit geblieben?" sagt S. Korkut aus Zonguldak. Als ich in einem Zimmer des Arbeiterwohnheims „Am Kiwitt" das Thema Gesundheit anschneide, hören die Klagen gar nicht mehr auf. Ich habe das Gefühl, in einem Krankenhaus zu sein. Die Arbeiter sagen, sie seien „so kaputt, daß man nichts mehr reparieren" könne.

122

S. Korkut, 37 Jahre alt, verheiratet und Vater von fünf Kindern, hat über seinen Augenbrauen zwei linsengroße Flecken; sie fallen einem als erstes auf, wenn man ihn anschaut. Er erzählt, daß er seit eineinhalb Jahren unter ständigen Kopfschmerzen leide. Der Arzt gibt ihm deshalb an diesen Stellen über den Augenbrauen Spritzen, aber die Kopfschmerzen bleiben unverändert. „Ich kann den oberen Teil meines Kopfs nicht berühren, als ob er eine einzige Wunde wäre", sagt er. Er kann seinen Kopf kaum aufrecht halten. Immer wieder kneift er die Augen zu, und sein Kopf fällt ihm auf die Schultern.

Korkut schildert seine Arbeitsbedingungen, in denen er den Grund für seine Kopfschmerzen sieht: „Seit zwei Jahren arbeite ich unter sehr schweren Bedingungen. Mein Arbeitsplatz ist so eng wie der Platz unter diesem Tisch. Tag für Tag muß ich herumkriechen; mein Bauch berührt die Bodenplatten und die Lampe auf dem Rücken die Sicherungsgitter. Um Geld zu verdienen, bringen wir uns selbst um." Dann erzählt er, wie es war, als er zum ersten Mal in die Bundesrepublik kam: „Das war im Jahr 1971. Meine Papiere für Deutschland waren gekommen. Um die Reiseformalitäten zu erledigen, bin ich nach Zonguldak aufs Arbeitsamt gefahren. Als wir das Nötige erledigt hatten, hieß es: „Ihr müßt sofort nach Istanbul." Eine Nacht haben wir in Istanbul verbracht. Nachdem man uns untersucht hatte, teilten sie uns mit, daß wir am selben Abend in die Bundesrepublik fliegen würden. So kamen wir hierher. Wegen der schnellen Abwicklung der Formalitäten konnte ich mich nicht einmal von meinen Kindern verabschieden. Während sie noch auf meine Rückkehr warteten, erreichte sie mein erster Brief aus Bergkamen.

S. Korkut ist kein Einzelfall. Viele Bergarbeiter, mit denen ich gesprochen habe, mußten sich unter dramatischen Umständen von Dorf und Kindern trennen. Von

110 in Bergkamen und Umgebung befragten türkischen Arbeitern haben mir 97, also 89 Prozent, von Krankheiten berichtet. Altersdurchschnitt dieser Arbeiter war 38. Am häufigsten wurden genannt:

Art der Erkrankung	absolut	in Prozent
Kreuzschmerzen und Bandscheibenschaden	32	29
Magenkrankheiten	15	14
Herzleiden	14	13
Nierenerkrankungen	14	13
Ohrenerkrankungen	8	7
Bronchitis	5	4
Psychische Störungen	3	3
Andere Erkrankungen	19	17

Der größte Teil der Erkrankten betont, daß er unter schweren Arbeitsbedingungen arbeitet. Ein dreiundvierzigjähriger Arbeiter aus Manisa, der seit vierzehn Jahren unter Tage arbeitet: „An meinem Arbeitsplatz herrscht eine Temperatur von vierzig Grad. Außerdem fällt Kohlenstaub wie Regen auf mich. Ich muß ständig eine Plastikbrille und eine Maske vor dem Mund tragen." Ein anderer zweiundfünfzigjähriger Arbeiter, der 1970 aus der Umgebung von Elazığ kam und seit 1974 wegen eines Herzleidens in Behandlung ist: „Ich arbeite in einer Fabrik, die Kohle produziert. Die schwersten Arbeiten bleiben uns. Vor zwei Jahren machten zwei deutsche Arbeiter die Arbeit, die ich jetzt alleine mache. Ich muß die Kohle, die vom Förderband heruntergefallen ist, wieder auf das Band werfen. Das Förderband ist mindestens zweihundertfünfzig Meter lang. Es läuft immerzu. Mein Chef sagt: ‚Diese Arbeit kann keiner außer dir!' An den Wochenenden, oder wenn ich in Urlaub bin, bleibt die Arbeit liegen. Wenn ich wieder-

komme, liegt die Kohle haufenweise neben dem Band. Sie geben mir nicht einmal vorübergehend einen Helfer, während früher jeweils zum Wochenanfang fünf Leute zusätzlich eingeteilt wurden."

– Wenn Ihre Arbeit so schwer ist, dann wird wohl Ihr Lohn auch hoch sein.

– Leider kann man das nicht sagen; im Monat bekomme ich 1 600 DM auf die Hand. Ich mache Überstunden, um mehr zu verdienen. Ich habe viele Kinder, mein Einkommen ist gering, meine Ausgaben sind hoch. Wenn ich in Urlaub fahre, muß ich einen Kredit aufnehmen. Letztes Jahr habe ich zum ersten Mal nach neun Jahren die Kinder in die Türkei mitgenommen; das hat mich 30 000 DM gekostet. Mindestens vier Jahre wird es dauern, bis ich diese Schulden beglichen habe; solange kann ich keinen Urlaub mehr machen. 1979 sind mein Vater und meine Schwester gestorben, aber ich hatte nicht das Geld, zu ihrer Beerdigung zu fahren.

Ein interessantes Gespräch führe ich mit F. Paslı. Er stammt aus Trabzon-Yorma und arbeitet, seit er 1973 in die Bundesrepublik kam, immer in der Nachtschicht unter Tage. In einer Konditorei, den Rücken an die Wand gelehnt, berichtet er mir über sich und seine Lebensgeschichte; zugleich verfolgt er durch die riesige Scheibe die Passanten auf der Einkaufsstraße. Besonders die Mädchen und die jungen Frauen entgehen ihm nicht. Wenn er mich ansieht, zwirbelt er ständig seinen Schnurrbart.

Paslı, Vater von fünf Kindern, wirkt herausfordernd und feindselig. Als er mir mitteilt, daß er in einem Einzelzimmer wohnt, frage ich ihn, wie er es allein im Haus aushält. Darauf lautet seine Antwort: „Ich kann es nicht im Haus aushalten! Ich schaue mal zum einen, mal zum anderen Fenster hinaus. Allein vor der Verleumdung habe ich Angst. Wenn man über meine Ehefrau oder über die Tochter schlecht reden würde, das geht mir dauernd durch den Kopf. Ich habe hier gesehen, wie viele Familien auseinandergegangen sind."

Er ist gerade aus dem Urlaub gekommen. Er läßt seinen Rosenkranz aus Meerschaum zwischen den Fingern auf- und abgleiten und erzählt mir, daß er seine spitzen Schuhe mit den hohen Absätzen in der Türkei gekauft habe.

– Wie fühlst du dich nach deiner Rückkehr?

– Ehrlich gesagt haben wir uns an die Bundesrepublik gewöhnt. Wer hierherkommt, vergißt sogar seine Familie. Ich habe schon das Gefühl, daß ich sie liebe. Aber in den zwei Monaten Urlaub gewöhnen weder die Kinder sich an mich, noch ich mich an die Kinder! Als ich vor neun Jahren einmal dort war, hat meine Frau zu meinem achtzehn Monate alten Sohn gesagt: „Schau, das ist dein Vater." Das Kind sagte: „Mein Vater ist in der Bundesrepublik" und wollte nicht zu mir kommen.

126

– Warum hast du deine Kinder nicht hierhergeholt?

– Wie soll ich eine Wohnung finden? Ich war eigentlich nur für ein Jahr hierhergekommen, um Geld für ein Grundstück zu verdienen. Jetzt bin ich immer noch hier! Wann dieses Leid zu Ende geht, weiß ich nicht.

– Du kannst mir ohne Bedenken erzählen, was du denkst, ich würde gern von deinen Sorgen erfahren.

– Wovor sollte ich mich fürchten? Einer wie ich, der siebenmal unter dem Messer gelegen hat, braucht sich vor nichts mehr zu fürchten.

– Ich habe nicht verstanden, bist du siebenmal operiert worden?

– Ich habe vier Monate im Krankenhaus gelegen. Wegen der Erkältung unter Tage bin ich insgesamt viermal an der Nase operiert worden. Meine linke Gesichtshälfte ist gefühllos, verkrüppelt. Ich bin auch am Magen operiert worden. Zwei Drittel meines Magens haben sie entfernt. Als ob das nicht reichen würde, bekam ich Blutungen in der Lunge. Ich habe sehr gelitten. Sechs, sieben Monate war ich bettlägerig. Jetzt bin ich wie ein fauler Kürbis. Ich schlafe sehr wenig. Ich habe sogar Schlaftabletten genommen, das hat aber nicht geholfen. Wenn ich mich ins Bett lege, sammeln sich sämtliche Teufel in meinem Kopf.

– Wie ist dein Verhältnis zu Frauen?

– Darüber kann ich mit dir nicht sprechen, das gehört sich nicht. Ich laufe den Frauen nicht nach. Sie suchen mich auf. Wenn ich ihnen nachlaufe, gehen sie weg. Meine Mannesehre ist noch nicht gestorben.

Ich bin in einer Gegend, zehn Kilometer von Bergkamen entfernt, auf der Suche nach der Wohnung eines Arbeiters, der vor kurzem an einem Unfall gestorben ist. Daß dies ein türkisches Viertel ist, ist nicht zu übersehen: Mit türkischen Fahnen geschmückte Obst- und Lebensmittelläden, alte zweistöckige Häuser, davor spielende Kinder, die nur gebrochen Türkisch sprechen.

Neun türkische Kinder zwischen acht und dreizehn Jahren versammeln sich gleich um mich, und ich fühle mich in ein Dorf in der Türkei versetzt. Kräftige, lebhafte Kinder, die mich mit Wärme und Erwartung ansehen: „Bist du auch einer von uns?" wollen sie wissen, so fremd fühlen sie sich in ihrer Umgebung. Ich erfahre, daß ihre Väter alle in der Zeche arbeiten. Auf die Frage, wer von ihnen hier geboren sei, heben fünf die Finger.

Als ich mich nach der Wohnung des verstorbenen Bergarbeiters erkundige, erzählen mir mehrere Kinder zugleich, daß niemand in der Wohnung sei und die Familie den Leichnam in die Türkei gebracht habe. „Kennt ihr noch andere, die gestorben sind oder Invalide wurden?" frage ich.

„Hier ist noch ein Kumpel gestorben, seine Wohnung ist ganz in der Nähe. Wenn Sie wollen, zeigen wir Ihnen den Weg."

Ich folge den Kindern zur Wohnung eines Arbeiters.

Der älteste Sohn der Familie, der zweiundzwanzigjährige A. Akbaba, hat nach dem Tod des Vaters die Verantwortung für die Familie übernommen. Er heißt mich willkommen. Er hat noch fünf Geschwister. Sein Vater M. Akbaba kam 1973 als Bergarbeiter von Erzurum in die BRD. Er arbeitete bis zu seinem Tod unter Tage. Akbaba erzählt über seinen Vater: „Mein Vater hatte schwere Arbeitsbedingungen. Am meisten klagte er über Appetitlosigkeit. Als wir neu hier waren, hat er eineinhalb Jahre lang ständig nachts gearbeitet. Tags konnte er nicht richtig ausschlafen. Sieben Monate vor seinem Tod kam er ins Krankenhaus. Die Ärzte stellten bei ihm Magenkrebs fest. In diesen sieben Monaten war er mit Unterbrechungen immer wieder im Krankenhaus. Am Ende konnte man ihn nicht retten, wir haben ihn am 22. September 1983 verloren."

– Hat Ihr Vater gern im Bergwerk gearbeitet?

– Nein, nur aus Not. Er hatte sogar Angst, sich krankschreiben zu lassen.

– Und wo arbeiten Sie?

– Als mein Vater krank war, war ich arbeitslos. Zweiundzwanzig Tage vor seinem Tod haben sie mir dann eine Stelle gegeben. Jetzt mache ich eine Lehre unter Tage. Ich mache jede Arbeit, die sie mir geben. Weil ich sonst kaum eine Chance habe, ohne Beruf und ohne Ausbildung. Vor meiner Arbeitslosigkeit habe ich in einer Montagefirma gearbeitet. Einen Tag konnte ich nicht zur Arbeit, weil ich meinen Vater ins Krankenhaus bringen mußte. Sie haben mich sofort entlassen.

– Wenn Sie anderswo Arbeit fänden, würden Sie trotzdem in der Zeche bleiben?

– Ja, denn draußen gibt es keine Sicherheit. Finge ich z.B. in einer Fabrik an, kann's nach ein paar Monaten heißen: „Wir haben keine Arbeit", und sie werfen dich raus. Ich muß für meine Geschwister mitverdienen.

Die türkischen Arbeiter, die in die BRD kamen, waren im Vollbesitz ihrer Gesundheit und Kraft. Sie waren unter Tausenden von Menschen, die sich in der Türkei an das Arbeits- und Arbeitervermittlungsamt gewendet hatten, nach mehrmaligen ärztlichen Untersuchungen durch deutsche Ärzte ausgewählt wurden. Über ein Drittel der Befragten konnten sich noch genau an diese Untersuchung erinnern, obwohl ihre Ankunft in der Bundesrepublik durchschnittlich 12,5 Jahre zurücklag. Sie betonten immer wieder: „In unserem Leben haben wir noch nie so eine Untersuchung erlebt!"

A. Özyol, 1948 in Zonguldak geboren, kam 1971 als Bergarbeiter in die Bundesrepublik und arbeitet in der Zeche „Monopol". Er berichtet: „In Zonguldak war ich Bauarbeiter. Deswegen hatte ich ein wenig Geld gespart. Als ich eine Einladung in die Bundesrepublik bekam, reiste ich damit nach Istanbul, zum ersten Mal in meinem Leben." In Istanbul bekam er es plötzlich mit der Angst zu tun: „Ich gab das gesparte Geld aus, um in die Bundesrepublik zu fahren. Aber was würde passieren, wenn ich bei der Untersuchung nicht durchkam? Ich lebte ständig in dieser Angst. Wir waren 40 Personen. Als wir in Istanbul ankamen, wurden wir alle zum deutschen Verbindungsbüro gebracht. Erst haben sie uns in den Wartesaal geschickt. Das war ein Saal für 150 Personen, gesteckt voll mit Leuten vom Land, die auf die Untersuchung warteten. Wir waren alle aufgeregt. ,Werden wir wohl durchkommen?' fragten wir uns. Noch vor der Saaltür, also draußen, standen Personen, die den Blutdruck gemessen haben. Sie kassierten dafür 5 Lira. Ich ließ auch meinen Blutdruck messen, sie sagten, er sei normal, und ich zahlte die Gebühr. Daraufhin war ich ein wenig erleichtert.

– Das habe ich nicht genau verstanden. Waren das Beauftragte des deutschen Verbindungsbüros oder irgendwelche Leute, die von außerhalb kamen und so Geld verdienen wollten?

– Nein, nein, die hatten mit den Deutschen nichts zu tun. Sie trieben sich einfach vor dem Saal herum, um solche Ahnungslosen, die wie wir vom Land gekommen waren, zu betrügen und ihnen ihr bißchen Geld abzunehmen. Es gab auch andere, die vor der Tür Ayran und Milch verkauften; die sagten: „Das ist gut, wenn man Schatten auf der Lunge hat." Ich habe davon mindestens zwei Gläser getrunken.

– Sie haben sich also auf die Untersuchung besonders vorbereitet?

– Gewiß. Nicht durchzukommen, wäre für uns der Zusammenbruch gewesen. Die von der Untersuchung zurückkamen und durchgekommen waren, lachten und tanzten. Die, die nicht durchgekommen waren, weinten wie Kinder. Denn die meisten hatten ihre Felder und Tiere verkauft, um kommen zu können. Manche meiner Freunde, die nicht durchgekommen waren, machten daraus eine Ehrenangelegenheit und trauten sich nicht mehr, in ihre Dörfer zurückzufahren. Was aus ihnen geworden ist, weiß ich nicht.

– Ich möchte genau wissen, wie ihr untersucht wurdet.

– Erst haben sie unsere Namen vorgelesen. Und dann haben sie uns in den Teil des Gebäudes gelassen, in dem die Untersuchungen stattfanden. Hier haben sie Urin- und Bluttests gemacht. Dann haben sie unsere Lungen geröntgt. Am zweiten Tag haben sie uns an Augen, Ohren und Nase untersucht. Als das zu Ende war, holten sie mich und weitere 18 Personen in ein Zimmer. Sie haben angefangen, uns von oben bis unten zu untersuchen, die Nerven, körperliche Gebrechen und anderes. Wir mußten uns alle ausziehen. Wir schämten uns, denn wir waren alle völlig nackt. Der deutsche Arzt ließ uns mit Hilfe eines Dolmetschers sagen, daß wir 18 Kniebeugen machen sollten. Als wir die gemacht hatten, mußten wir uns mit dem Gesicht zur Wand und dem Rücken zum Arzt drehen und in einer gebückten Haltung stehen. Darauf hat der Arzt Handschuhe angezogen und, am Anfang der Reihe beginnend, bei allen den Hintern auseinandergezogen und angeschaut. Dann haben wir uns wieder hingestellt, und er begann mit der Untersuchung der Nerven. Wir mußten die Hände vorstrecken, die Augen schließen und so fünf Minuten stehenbleiben. Zwei Freunden wurde in dieser Zeit schwindlig, und sie fielen zu Boden. Deswegen kamen sie bei der Untersuchung nicht durch. Wir haben unsere ganze Kraft zusammengenommen, um nicht umzufallen.

– Das war alles?

– Nun, sie haben an unserem Körper keine Stelle gelassen, ohne sie anzuschauen. Am Ende kamen 14 von 18 Personen durch. Ich wäre beinahe auch nicht durchgekommen. Am linken Arm habe ich eine Impfnarbe. Der deutsche Arzt sah immer wieder darauf. Er hat mich mindestens dreimal zu sich gerufen, um diese Stelle zu untersuchen. Ich sagte ihm, daß das eine Impfnarbe sei, aber er wollte es nicht glauben. Das hat mich beunruhigt. Er wollte herausfinden, ob mein Arm verkrüppelt ist. Ich sagte zum Dolmetscher: „Ich bin Ringer, wenn mein Arm verkrüppelt wäre, könnte ich wohl kaum an Ringkämpfen teilnehmen. Ich schlage dem Arzt vor, meine Armkraft mit ihm zu messen, er wird es schon sehen!" Der Dolmetscher übersetzte dann, der Arzt lachte und stimmte zu. Aber er kam nicht gegen mich an, klopfte mir bald auf meine Schulter und sagte „Gut! Gut!" Da habe ich mich gefreut.

– Wurden Sie in der Bundesrepublik noch mal untersucht?

– Ja, bevor wir angefangen haben zu arbeiten. Bei dieser Untersuchung wurden noch zwei Leute für untauglich erklärt. Insgesamt wurden also 12 Personen für tauglich erklärt und konnten die Arbeit aufnehmen.

– Sie arbeiten seit vielen Jahren unter Tage. Wie geht es Ihnen gesundheitlich?

– Ich kann nicht sagen, daß es mir gut geht. Seit 1978 habe ich am ganzen Körper Schmerzen. Ich werde bestrahlt, bekomme Tabletten und Spritzen. Zur Zeit bin ich krank geschrieben. Wenn ich behandelt werde, geht es mir zwei oder drei Monate gut, dann wird es wieder schlechter. Ich bin auch kurzsichtig geworden und habe Atembeschwerden.

O.Y. wurde 1950 in Kütahya geboren. Er wurde vor seiner Ausreise von 12 Ärzten untersucht. „Niemand kann sagen, aus der Türkei sind die krank hierhergekommen. Die Ausländer sind hier verfault", meint er. Er heiratete mit 19 Jahren. Als er 1973 in die Bundesrepublik kam, war er Vater von drei Kindern. „Als mein Vater mich verabschiedete, sagte er zu mir: ‚Mein tapferer Junge, laß' dich nicht unterkriegen.' Damals war ich 23 Jahre, war voller Energien und wußte nicht, was Müdigkeit heißt. Jetzt ist alles an mir kaputt. Ich hätte mir das nicht träumen lassen. Ich habe Bronchitis. Meine Ohren sind nicht mehr in Ordnung. Auf dem rechten Ohr höre ich nur noch die Hälfte. 50 Prozent meiner Gesundheit habe ich verloren."

O.Y. betont, daß er mit anderen zusammen 1973 in Istanbul einer sehr strengen Untersuchung unterzogen worden sei: „Wir waren als eine Gruppe von elf Leuten von Kütahya nach Istanbul gekommen. Alle wurden zusammen untersucht. Als erstes wurden wir schriftlich geprüft. Nach den Urin- und Bluttests wurden Röntgenuntersuchungen gemacht. Sie haben unsere Zähne angeschaut und uns auf den Zehenspitzen warten lassen. Am Ende sagte die Dolmetscherin: ‚Wenn ich zur Tür in der Ecke hinausgehe, werdet ihr eure Hosen ausziehen und euch bücken!' Wir haben alles genau befolgt. Diese Untersuchung war der Anfang unseres stummen Lebens. Die Dolmetscherin, die mit den Akten unter dem Arm in den Wartesaal kam, eröffnete uns: Drei sind durchgekommen, die anderen acht nicht. Die sind weinend in ihre Dörfer zurückgekehrt."

– Kannst du dich erinnern, warum die anderen nicht durchgekommen sind?

– Das war wie durch ein Nadelöhr gehen. Die kleinste Kleinigkeit, und man wurde abgelehnt. Wir hatten vorher unsere Zähne behandeln lassen. Denn wenn man nicht ganz gesunde Zähne hatte, wurde man auch abgewiesen. Einen Freund, der abgewiesen wurde, kann ich überhaupt nicht vergessen. Er war ein junger Mann, so fest wie Beton. Vier Jahre vor der Untersuchung war er auf einer Dorfhochzeit durch die Waffe eines Freundes aus Versehen verletzt worden. Aber seine Wunden heilten bald, und er hatte keine Beschwerden. Bei der Röntgenuntersuchung wurden die Spuren einer Schrotkugel sichtbar. Deswegen durfte er nicht nach Deutschland kommen. Er hat Glück gehabt, sonst wäre es ihm auch so ergangen wie uns!

Von den 100 türkischen Arbeitern, mit denen ich gesprochen habe, war 1971 erst einer krank, 1980 schon

71. Die ersten Anzeichen einer Krankheit zeigten sich im Durchschnitt nach 8,2 Jahren. In den Jahren '79 und '80 brachen die Krankheiten erstmals massiv aus. Nach meiner Überzeugung kommt an erster Stelle die Unmöglichkeit, sich an die Lebensbedingungen in der Bundesrepublik zu gewöhnen. Als Summe und Ergebnis dieser Situation treten die verschiedensten Gemütskrankheiten auf. An zweiter Stelle kommen die harten Lebensbedingungen, die hier schon mit Beispielen belegt wurden. Die Männer arbeiten unter schwersten Bedingungen, an schmutzigen Arbeitsplätzen (im allgemeinen zuviel) – diese Art zu arbeiten geht auf Kosten der Gesundheit. An dritter Stelle ist die Arbeitslosigkeit zu nennen, die für manchen zum Dauerzustand geworden ist. Sie erzeugt besonders bei den türkischen Arbeitern Panik. Die Zahl der türkischen Arbeiter, die trotz Krankheit nicht zum Arzt gehen, ist nicht gering. Aus Ungewißheit über die Zukunft leben sie in einer dauernden Unsicherheit. Drei junge Türken im Alter von 19, 22 und 26 Jahren, die ich gefragt hatte „Warum habt ihr euch für die Arbeit im Bergwerk entschieden?", antworteten mir: „Im Bergwerk bekommt man mehr bezahlt. Außerdem wird man dort, wenn man sich krank schreiben läßt, nicht gleich gekündigt. Das haben wir bedacht und uns zur Arbeit unter Tage entschlossen."

„Daß ich noch lebe, ist ein Zufall."

Die Zahl der türkischen Arbeiter, die über Krankheiten klagen, liegt extrem hoch. Ähnlich zahlreich sind diejenigen, die Arbeitsunfälle hatten. 86 von 110 Kumpeln – also 78 Prozent – berichteten von einem oder mehreren Unfällen bei ihrer Arbeit im Bergwerk. Auch sie sind sicher einer der Gründe für die hohe Krankheitsrate. Innerhalb kurzer Zeit lernte ich, die Zechenarbeiter mit einem Blick zu erkennen. Weil der fette, feine Kohlenstaub sich zwischen die Wimpern setzt, sehen ihre Augen aus, als ob sie Schminke aufgetragen hätten. Und fast alle hatten an ihren Händen und in den Gesichtern Kohleflecken, die entstehen, wenn der Kohlenstaub nach Schürfungen und Verletzungen in die Haut eindringt.

„Ich bin nochmal davongekommen. Ich konnte gerade noch weglaufen, als die Lore auf mich kippte. Sonst wäre ich heute tot. Ich arbeite seit zwölf Jahren, aber

das ist mir zum ersten Mal passiert. Unter Tage zu arbeiten ist kein Kinderspiel." Diese Worte habe ich zufällig gehört. Als ich in dem Café saß, dessen Besucher meistens türkische Kumpel waren, kam ein junger, hochgewachsener Arbeiter herein und setzte sich zu uns. Er sagte später, sein Name sei A. Faruk Özbilgin. Sein Freund, der mitgekommen war, mischte sich gleich ins Gespräch: „Die Gefahr in unserem Beruf beginnt schon, wenn man in den Aufzug steigt, der einen 1 000 Meter unter die Erde trägt. Dein Leben steht auf dem Spiel."

Die Frau eines Bergarbeiters sagt: „Ich habe mich damit abgefunden, daß mein Mann in der Zeche arbeitet, aber wenn der Feierabend heranrückt, werde ich unruhig. Wenn er sich verspätet, denke ich: Ist vielleicht ein Unfall passiert? und bekomme Angst."

Die Wohnung von Mustafa Çorum aus Balıkesir ist, einen Tag vor seiner endgültigen Rückkehr in die Türkei, voll mit Bekannten. Die Zechenarbeiter aus den verschiedensten Gegenden der Türkei, die er seit 1970 kennt, sind gekommen, um ihm eine gute Reise zu wünschen. Mustafa sieht einigermaßen glücklich aus, als er erzählt, daß er in der Türkei drei Häuser gebaut, zehn Dönüm (1210 qm) Olivengärten gekauft und ein wenig Geld gespart habe. Aber er fügt hinzu: „Im Grunde ist aus mir ein Skelett geworden. Unsere Lebenskraft ist weg. Was davon übrig geblieben ist, geht in die Türkei zurück. Ich habe eine Herzschwäche, meine Beine schmerzen, meine Finger sind wund. Während der Jahre in der Bundesrepublik Deutschland habe ich keinen Tag acht Stunden geschlafen!"

Es wird ganz still im Zimmer, als Mustafa von einem Unfall zu erzählen beginnt: „Das war 1972. Als wir fünf Türken Kohle aus dem Stollen brachen, stürzte der von beiden Seiten zugleich ein. Erst nach 7 Stunden wurden wir gerettet, aber die Angst hätte uns fast die Sprache verschlagen. Obwohl wir sieben Stunden mit dem Tod gerungen hatten, gaben sie uns nur einen Tag Erholungsurlaub. 1975 fiel mir ein Stein aufs Kreuz. Ich konnte mich nur mit Mühe auf allen Vieren in den Hauptstollen schleppen. Sie brachten mich in ein Krankenhaus. Ich lag dort vier Wochen. Im Laufe meines 13jährigen Lebens unter Tage habe ich den Tod von 28 Menschen infolge von Staubexplosionen und Einsturz erlebt. Die meisten davon waren türkische Arbeiter."

Das sind die täglichen Themen der Bergarbeiter. Die Kinder der Kumpel wachsen damit auf. Denn worüber wird in der Wohnung von einem Kumpel gesprochen, wenn nicht über Kohle, Staub und die ereignisreiche Arbeit unter Tage.

Y. Karakök aus Zonguldak kam 1974 als Sohn eines Bergmannes in die Bundesrepublik Deutschland. Er lernte drei Jahre in der Bergarbeiterschule und arbeitet seit 1980 als Kumpel unter Tage.

„1969", erzählt er, „war ich in der dritten Volksschulklasse. Eines Tages kam ein Beauftragter des Kultusministeriums, und er fragte die Schüler: ,Was wollt ihr werden, wenn ihr groß seid?' Die meisten wollten Kumpel und Vorarbeiter im Bergwerk werden, ich auch. Schon damals interessierte ich mich für das Bergwerk. Denn wir sind Bergarbeiterkinder." Der Freund von Korakök, I. Akyıldız, stammt auch aus einer Bergarbeiterfamilie aus Zonguldak. Er erzählt, daß er erst vor kurzem geheiratet habe, und daß er vor einer Woche zum ersten Mal in ein Bergwerk eingefahren ist: „9 von den 20 Schülern in der Schule für Bergarbeiter waren Türken. Von den 11 deutschen Schülern waren 8 aus der ,Sonderschule', der Schule für Lernbehinderte und Dumme. Bis jetzt habe ich weder in der Schule für Bergarbeiter noch im Bergwerk Jugendliche aus anderen Nationen angetroffen. Wenn ich in einer guten Fabrik Arbeit gefunden hätte, wäre ich auch nicht zur Zeche gegangen." Die Schwere und Gefährlichkeit ihrer

Arbeit unter Tage führt besonders bei den Türken dazu, daß sie auch außerhalb der Arbeitszeit in ständiger Nervosität und Angespanntheit leben. Gercek, ein türkischer Arzt in Bergkamen, meint: „Rund 20 Prozent meiner Patienten sind Türken. Unsere Menschen wissen weder wie man arbeitet, noch wie man sich ausruht. Außerdem gibt man ihnen besonders schwere Arbeiten. Von den Vorarbeitern werden sie beschimpft. Weil sie sich verbal nicht wehren können, werden sie Opfer von Arbeitsunfällen."

In Werne, einer hübschen Kleinstadt in der Nähe von Bergkamen (1983: 27 608 Einwohner), gibt es keine Zechen, aber viele Kumpel wohnen hier. A. Karakaya ist einer von ihnen. Ich gehe mit einem befreundeten Lehrer auf das Gebäude zu, in dem er wohnt, als er gerade vom Balkon seiner Wohnung aus seinen Kindern zuruft, daß sie heimkommen sollten. Im Nu leert sich die Straße.

A. Karakaya begrüßt uns an der Wohnungstür. Ich bin selbst 1,70 groß, aber ihm gegenüber kam ich mir wie eine halbe Portion vor. Mit seinen Schultern füllt er die ganze Tür aus. In einer sehr würdevollen Art lädt er uns ein, einzutreten. Er führt uns in sein Wohnzimmer und bietet uns Plätze an. Trotz der Krücken fällt das Gehen ihm schwer, denn er hat nur ein Bein. 1941 kam er in Balıkesir als Kind einer armen Familie zur Welt. „Wenn wir nicht sehr arm gewesen wären, wären wir nicht hierhergekommen", meint er. 1973 kam er zur Zeche „Haus Aden" als Bergmann. Karakaya ist Vater von sieben Kindern, die alle hier geboren sind. Nach elf Jahren Arbeit unter Tage hatte er einen schweren Arbeitsunfall. Während er uns Obst und Tee anbietet, erzählt er, wie es dazu kam: „Das war im Juli 1983. Morgens um 5 Uhr war ich hinuntergefahren und hatte die Arbeit aufgenommen. Wir legten einen Hauptstollen. Als ich plötzlich auf den Rücken fiel, war alles voller Staub und Schlamm. Ein großer Stein war auf mich gefallen. Ich versuchte aufzustehen, bis ich merkte, daß mein Bein nicht mehr da war. Wie mit der Rasierklinge hatte der Stein mein Bein fast abgetrennt. Als ich meinen Beinknochen so sah, habe ich die Kontrolle verloren. Ich fing an zu schreien, so laut ich konnte. Die herbeieilenden Kollegen zogen mich aus der Enge und brachte mich schnellstens ins Krankenhaus. Nach der Untersuchung haben sie mir das Bein abgenommen. Zwei Monate lang konnte ich vor Leid nicht schlafen. Drei Monate blieb ich im Krankenhaus. Jetzt danke ich Gott, daß ich mit dem Leben davon gekommen bin. Was wäre mit meinen Kindern passiert, wenn ich gestorben wäre? Sie brauchen mich noch, sie sind noch klein. Der älteste ist 9, der jüngste ein Jahr alt."

– Wie geht es dir finanziell?

– Jetzt bekomme ich noch 1 600 bis 1 700 DM Krankengeld. Wenn es kein Kindergeld gäbe, könnten wir damit nicht auskommen. Allein für Miete zahle ich 655 DM monatlich, 215 DM Heizungskosten kommen noch dazu. Die Wohnung ist 83 qm groß, drei Zimmer, Bad, Küche, und hat Zentralheizung. Aber weil wir eine große Familie sind, ist sie für uns zu klein. Die vier Jungen schlafen in einem Zimmer, die Mädchen in einem anderen.

– Wie war bis jetzt euer Verhältnis zu den Deutschen?

– Ihre Genauigkeit im Bereich der Medizin und Gesundheit finde ich gut, die Pflege in den Krankenhäusern auch. Aber ich persönlich halte mich von ihnen eher fern. Sogar ihre gutgemeinten Worte verletzen uns. Bei der Arbeit unter Tage haben sie uns sehr oft beleidigt. Daß wir die Sprache nicht genügend beherrschen, spielt auch eine Rolle. Deswegen haben wir gar keinen nachbarschaftlichen Kontakt mit den Deutschen.

„Oh, du meinst Arbeitsunfälle. Ich habe viele hinter mir, ich bin knapp dem Tod entkommen. Insgesamt fünf. Alle haben Spuren hinterlassen. Ich hatte Knochenbrüche und -risse." Das sagt A. Arı, geboren 1947 in Adana. Er erzählt, daß er jetzt schon 20 Prozent seiner Arbeitskraft verloren habe. Seit seiner Ankunft in der Bundesrepublik 1973 bis 1983 habe er unter schweren Bedingungen unter Tage gearbeitet. Mitte 1983 sei er erkrankt. „Als ich mich untersuchen ließ, stellte man Schatten in der Lunge fest. Der Arzt meinte, das käme vom Kohlenstaub. Daraufhin schickten sie mich für sechs Monate zur Kur. Jetzt arbeite ich über Tage. Ich sehe wie ein gesunder Mensch aus, bin es aber nicht. Wie sollte auch ein Mensch, der so viele Arbeitsunfälle hatte und dann krank geworden ist, gesund bleiben!"

Arı ist Vater von 4 Kindern und hat schon vor Jahren Frau und Kinder nachgeholt. Sein Zimmer ist geschmückt mit Fotos der Verwandten, die in der Türkei leben, und andern Gegenständen, die an die Heimat erinnern. Während er den Blick im Zimmer umherschweifen läßt, zählt er seine Arbeitsunfälle auf: „Beim ersten Mal ist mein Fuß gebrochen. Ein anderes Mal ist mir ein Stein auf den Kopf gefallen. Zunächst sah das harmlos aus, aber drei Tage später sind mir neun Zähne ausgefallen. Dreimal habe ich meine Finger gebrochen. Ich habe mehrere Einstürze erlebt. Dabei wurde ich bis zum Bauch verschüttet."

– A. Arı, wieviel verdienst du derzeit?

– Ohne Überstunden 1 450 bis 1 500 DM im Monat auf die Hand.

Lohnt sich das, nach soviel Jahren aufreibender Arbeit?

Einige weitere Beispiele von Arbeitsunfällen, die ich bei einer flüchtigen Durchsicht meiner Notizen finde: „Als ein 99 Kilo schweres Eisen auf meinen Kopf fiel, wurde ich ohnmächtig." – „Auf mein linkes Bein ist ein Stein gefallen, deswegen ist es gebrochen. Ich lag drei

140

Monate im Krankenhaus." – „Der Luftschlauch platzte, deswegen wurde mein linkes Auge blind." – „Ich habe so viele Arbeitsunfälle erlebt, ich kann gar nicht mehr alle aufzählen." – „Ich hatte vier Arbeitsunfälle. Als letztes habe ich die Finger gebrochen. Deswegen bin ich seit drei Monaten krank geschrieben."

In etlichen Gesprächen gab es Hinweise darauf, warum die Unfallrate gerade unter türkischen Bergleuten so hoch ist.

A. Özay ist 1939 geboren und stammt aus Emet, einem Dorf in der Nähe von Kütahya. Er konnte nicht in die Schule gehen, erwarb aber extern den Grundschulabschluß. Seine Frau und seine drei Kinder konnte er erst 1981 nachholen. 1972 kam er als Bergarbeiter in die Bundesrepublik. Seit einiger Zeit arbeitet er unter Tage. „Ich habe ein ärztliches Attest darüber, daß ich für Unter-Tage-Arbeit untauglich bin. Aber die Krankenkasse erkennt das nicht an und behauptet: ‚Dir fehlt nichts.' Ich sage: ‚Wenn mir nichts fehlen würde, warum bin ich dann krank?'" Er fügt hinzu: „Wenn man einmal ein Leiden hat, wird man es nicht mehr los hier. Im Kreuz, in den Beinen, am ganzen Körper habe ich Schmerzen. Ich habe Atemnot, Bronchitis und noch vieles andere bekommen. Jetzt ist auch mein Bauch ganz angeschwollen."

– A. Özay, kannst du dich an deine Arbeitsunfälle erinnern?

– Wie sollte ich mich daran nicht erinnern! Ich weiß noch alle. Um nicht zu weit auszuholen, will ich nur die wichtigsten aufzählen. 1975 brach ich mir die Rippen, ein Draht hatte mich gestreift. Mein Finger, den ich 1981 gebrochen habe, ist verkrüppelt geblieben. Einmal ist ein Brett vom Förderband an meinen Kopf gestoßen, ich bekam eine Gehirnerschütterung. Als Folge von diesem und anderen Unfällen sind mir Sehstörungen und dauernde Kopfschmerzen geblieben. Nun bin ich seit so vielen Jahren in Deutschland, aber wegen der Arbeitsunfälle und Krankheiten hatte ich keine Gelegenheit, etwas zu sehen oder zu erleben.

– Du bist ein erfahrener Bergmann. Kannst du mir sagen, warum Arbeitsunfälle passieren?

– Als Reaktion auf die ungerechte Behandlung von seiten der Steiger. Das falsche Verhalten der Kollegen, sicher ihre falsche Arbeitsweise. Es kommt auch noch die Schwere der Arbeit und die Müdigkeit dazu. Nach meiner Meinung liegen hier die Gründe für die vielen Arbeitsunfälle, die wir haben.

H. Taşın, 44 Jahre alt, stammt aus Alaşehir bei Manisa. Er kam 1970 als Bergarbeiter in die Bundesrepublik. Seit 1972 hatte er drei schwere Arbeitsunfälle: „Jeder hat Spuren hinterlassen." Er erzählt von seinem letzten: „Der Vorarbeiter beschimpfte meinen Kollegen bei der Arbeit. Der war einen Moment verwirrt und ließ den Haken, den er in der Hand hielt, los. Dabei fiel mir das 100 Kilo schwere Eisen auf den Kopf. Sie brachten mich sofort ins Krankenhaus. Vier Tage lag ich in der Intensivstation, danach wurde ich sechs Wochen stationär behandelt. Wegen dieses Unfalls muß ich jetzt eine Brille tragen und konnte seit 18 Monaten keinen Urlaub machen. Meine Kinder warten auf mich."

– Sind deine Arbeitsbedingungen schwer?

– Wir müssen immer nachgeben, müssen jede Arbeit machen, die man uns gibt. An unserem Arbeitsplatz herrscht eine Temperatur von 40 Grad Celsius. Die Arbeit ist schmutzig und schwer. Zweimal mußte ich mich wegen der körperlichen Anstrengungen einer Bauchoperation unterziehen. Meine Wirbelsäule ist vom Rücken bis zur Hüfte verkalkt. Die Rückenschmerzen strahlen auf das Herz aus. Dann bekomme ich auch Herzflattern.

– Was sagt dein Arzt zu diesen Krankheiten?

– Die Ärzte nennen das Berufskrankheit und raten mir, regelmäßig zu ihnen zu kommen. Ich muß mir in der Woche zwei Spritzen geben lassen. Die lasse ich mir auch regelmäßig geben, aber ich bin immer noch nicht rentenberechtigt.

– Wie geht es dir finanziell?

– Nicht gut. Mein Lohn reicht nicht aus. Im Monat bekomme ich 1 800 DM auf die Hand. Vor 1979 hatte ich 3 000 DM. Weil ich so schwer gearbeitet und dabei ein halber Mensch geworden bin, beträgt mein Lohn nur noch 1 800 DM. Das macht mir zu schaffen!

– Denkst du daran, in die Türkei zurückzukehren?

– Vorläufig nicht. Ich habe mich in diesem Land aufgerieben. In der Türkei könnte ich mich nicht behandeln lassen. Wenn ich dort monatlich hunderttausend Lira hätte, würde das nicht einmal die Arztkosten decken. Erst wenn ich Anspruch auf Rente habe, kann ich zurück.

Der Direktor der Zeche „Haus Aden" in Bergkamen-Oberaden hält Türken, Japaner und Koreaner für die fleißigsten unter den ausländischen Arbeitern. Als ich ihn nach den Gründen für die hohen Unfallraten unter den türkischen Arbeitern fragte, antwortet er: „Als erstes möchte ich betonen, daß es im Bergwerk dunkel ist. Zweitens ist die Technik hochentwickelt, die Bergwerke sind mit elektronischen Apparaten ausgestattet. Wenn ein Arbeiter einen Fehler macht, passiert ein Unfall. Außerdem haben die Arbeiter aus der Türkei keine Ausbildung als Bergleute. Das ist auch ein Faktor bei der Entstehung der Arbeitsunfälle."

Auf der Zeche „Grimberg 3/4", die nahe dem Zentrum Bergkamens liegt, spreche ich mit dem Betriebsrat Bahattin Kartal. Er zeigte mir die Umkleide- und Waschräume. Die Umkleideräume haben eine Höhe von 8 bis 9 Metern. Die Decke ist voll von pechschwarzen, schmutzigen Arbeitsmonturen und -schuhen. Sie werden mit speziellen Haken und Ketten hochgezogen und bleiben dort hängen, um zu lüften. Ein intensiver

Geruch von Petroleum, Öl, Schweiß und Kohle strömt von ihnen aus.

Es ist gerade Schichtwechsel. Während die Arbeiter der Frühschicht müde in die Umkleideräume strömen, umgibt uns ein leichter Nebel. Im Sonnenlicht, das vom Fenster hereinfällt, kann man den feinen Kohlenstaub sehen, der wie Zigarettenrauch in die Höhe steigt. Kartal meinte: „Gleich wird dein Hemd schwarz sein."

Die Kumpel sind von oben bis unten schwarz. Bis sie ausgezogen sind, kann man Deutsche und Türken nicht auseinanderhalten. Die Deutschen ziehen sich, ehe sie in die Waschräume weitergehen, ganz aus. Die meisten Türken behalten ihre schmutzigen und öligen Unterhosen, die nur am Arbeitsplatz getragen werden, auch unter der Dusche an. Ich fragte Kartal, ob keiner der türkischen Kumpel zum Duschen seine Unterhosen ausziehe. Daraufhin zeigt er mir einen jungen Mann, der sich ganz ausgezogen hat, und sagt: „Dieser Kollege heißt İsmail Koç. Er ist zugleich Betriebsrat. Sprich mit ihm."

144

İsmail Koç wurde 1950 in Tunceli geboren und kam 1973 in die Bundesrepublik. Seit der Zeit hat er durchgehend unter Tage gearbeitet. Jetzt ist er Leiharbeiter der Firma „Deilman-Haniel", die von der Zeche Akkordarbeit übernimmt und Arbeiter vermietet. Wir unterhalten uns, als sich İsmail wie seine Kollegen gewaschen und angezogen und dann auf den Heimweg gemacht hat. Er scheint erleichtert zu sein und die Müdigkeit der Arbeit unter Tage ein wenig überwunden zu haben.

„Eure Arbeit ist schwer, das sieht man sogar an den Umkleideräumen", sage ich. Er antwortet: „Ich habe keine andere Chance. Ich kann niemandem raten, im Bergwerk zu arbeiten. Mindestens 25 Jahre lang sehen wir keine Sonne." Er erzählt mir, er habe gute Kontakte zu seinen Arbeitskollegen und zu den deutschen Nachbarn. Er verfolgt aufmerksam die wirtschaftliche und politische Entwicklung in Deutschland. Er sei beunruhigt, weil jetzt im Fernsehen so oft über die Ausländergesetze diskutiert werde. Er fährt fort: „Die sozialen Rechte der ausländischen Kollegen im Bergwerk sind begrenzt. Vor kurzem hat sich ein 51jähriger Türke, der seit 21 Jahren hier arbeitet, eine Berufskrankheit zugezogen. Deswegen mußte er Erholungsurlaub nehmen. Während er im Urlaub war, schickte ihm die Firma einen Brief: ‚Bitte nutzen Sie das Rückkehrförderungsgesetz, anderenfalls müssen wir Ihnen kündigen.' Der Kollege kündigte. An fast 100 Arbeiter haben sie solche Briefe geschickt."

– Hast du selbst Arbeitsunfälle gehabt?

– Ja, hatte ich. 1978 wurden meine Finger zerquetscht. 1980 habe ich meine Schulter gebrochen, ein Eisen ist dagegengeschlagen. Danach habe ich in Dortmund ein Seminar zum Thema „Sicherheit unter Tage" besucht. Das hat mir sehr genützt.

– Ich kann mir denken, daß du als Betriebsrat auch zum Thema Gesundheit was zu sagen hast.

– In der Firma arbeiten mit mir zusammen 89 Personen. Über die Hälfte sind Türken, die übrigen Deutsche. Nur zwei sind gesund! Einer bin ich, der andere ist ein Kollege. Alle anderen haben Behinderungen und Krankheiten. Ein paar Beispiele: Zwei türkische Kollegen sind auf einem Auge erblindet. Ein Kollege, er heißt Hasan Savaş, hatte 1979 einen schweren Unfall. Seine rechte Seite war ganz weg und seine Gedärme sind herausgequollen. Er wurde ein Jahr lang behandelt. Als er halbwegs wiederhergestellt war, haben sie ihm Arbeit über Tage gegeben. Er hat noch drei Jahre gearbeitet und ist jetzt in Rente gegangen. Aber seine Gesundheit ist hin. Alle zwei Jahre werden wir allgemein untersucht. Bei der letzten Untersuchung waren ungefähr 25 Kumpel. Ein Teil von ihnen konnte den Ballon, mit dem man testet, ob die Lungen gesund sind, nicht aufblasen.

– Was ist mit den Waschgewohnheiten? Ich habe gehört, da soll es schon Probleme gegeben haben, weil sich die meisten Türken nicht ganz ausziehen.

– Bevor wir nach Deutschland kamen, hat uns in einem Lehrgang der deutsche Lehrer folgendes gesagt: „Wenn ihr in Deutschland seid, müßt ihr euch genauso verhalten wie die deutschen Arbeiter. Wenn ihr euch am Arbeitsplatz wascht, müßt ihr wie sie erst eure Unterhosen ausziehen und euch dann waschen." Es wurde darauf hingewiesen, daß es in den Waschräumen keine Einzelkabinen zum Duschen gibt. Am Anfang war uns das ungewohnt, aber als wir in Deutschland waren, haben wir uns ohne Unterhosen gewaschen. In unserer Gruppe waren 48 türkische Arbeiter. Zwei Jahre darauf sahen sich manche Kollegen dazu gezwungen, Unterhosen anzuziehen, denn an den Zechen wurden insbesondere von religiösen Fanatikern regelmäßig Flugblätter verteilt: „Wir werden in Europa den Islam verbreiten", sagten sie. Heute ist die Zahl derer, die sich ohne Unterhosen waschen, sehr gering. Der Betriebsrat ist gegen das Duschen mit Unterhose. Aber man kann das nicht verhindern. Ich bin der Meinung, wenn Arbeitgeber und Betriebsrat sich einig wären, könnte man es, denn das ist gesundheitsschädlich. Während der Arbeit saugen sich die Unterhosen voll mit Kohlenstaub und Schweiß. Wenn man sich in diesen Hosen wäscht, kann man sich zwischen den Beinen nicht genug säubern.

Bahattin Kartal ist ein junger Mann von 27 Jahren. Er hilft bei der Lösung der Probleme der Türken, die im Bergwerk arbeiten. Nebenbei hilft er auch Türken, die nicht in der Zeche arbeiten, denn er spricht gut deutsch. Im Jahr 1973 kam er als 15jähriger nach Deutschland und ging zunächst im Bergwerk in die Lehre. 1979, nachdem er seine Lehre beendet und Deutsch gelernt hatte, wurde er zum Betriebsdolmetscher ernannt. Außerdem wurde er bei den Betriebsratswahlen 1984 zum Betriebsrat gewählt. Gleich zu Anfang des Gesprächs betont er, daß er keinen Arbeitsunfall gehabt habe und daß ihm seine Gesundheit keine Probleme mache.

– Wie viele Arbeiter arbeiten in der Zeche „Grimberg 3/4"?

– Um 1 800, davon sind 400 Türken. 71 von diesen 400 sind in den vergangenen Monaten in die Türkei zurückgekehrt.

– Sind anstelle dieser Türken neue Arbeitskräfte eingestellt worden?

– Nein. Es gibt einen Einstellungsstopp. Die Anzahl der Arbeiter wird verringert.

– Um welche Fragen geht es, wenn sich türkische Arbeiter an den Betriebsrat wenden?

– An erster Stelle kommen die Probleme mit dem Urlaub. Die Türken wollen meistens ihren ganzen Urlaub mitten im Sommer nehmen. Manche Kollegen können sich lange nicht entscheiden, wann sie in Urlaub fahren sollen. Sie kommen mit allen möglichen Fragen zu uns. Zum Beispiel, wenn sie keinen Kredit von der Bank bekommen, kommen sie und sagen: „Könnt ihr Geld für mich von der Bank bekommen?" Ich möchte eine interessante Begebenheit, an die ich mich erinnere, hier erzählen: Es war 1980. Damals arbeitete ich nicht als Betriebsrat, sondern nur als Dolmetscher. Eines Tages kam ein Landsmann mit einem Briefumschlag in der Hand in unser Büro. Er nahm aus dem Umschlag zwei Briefe, einer auf türkisch, einer auf deutsch geschrieben, und gab sie mir. Der deutschsprachige Brief kam von dem damaligen Bundeskanzler Helmut Schmidt. Den türkischen Brief hatte er selbst an den Bundeskanzler geschrieben. Er beklagte sich darin über einen seiner türkischen Kollegen, dem er 2 000 DM geliehen und der ihm das Geld nicht zurückbezahlt hatte. Er bat den Kanzler um Hilfe. In dem Antwortschreiben wurde darauf hingewiesen, daß man seinen Brief nicht verstehen könne, weil er türkisch geschrieben war. Man bat ihn, seinen Brief ins Deutsche übersetzen zu lassen und dann zu schicken. Er war deswegen zu mir gekommen.

– Kommen die deutschen Arbeiter auch mit ähnlichen Fragen zum Betriebsrat?

– Nein, das habe ich noch nicht erlebt. Sie kommen meist mit Fragen, die den Betrieb betreffen.

– Wie wird im Betrieb die Arbeit verteilt? Zu welcher Art von Tätigkeiten zum Beispiel werden Türken herangezogen?

– Sie arbeiten in den Lohngruppen 9 bis 11. Diese Arbeit ist ziemlich schwer, und diese Lohngruppen gehören zu den höheren. In der Lohngruppe 12 sind die Meister beschäftigt, die für sich allein arbeiten können. Zu den Lohngruppen 13 bis 14 gehören die Steiger und die Verantwortlichen für die Sicherheit.

– Wie ist die Lage der Jugendlichen?

– Nach Abschluß der Lehre beginnen sie in der Lohngruppe 8. Nach sechs Monaten steigen sie in die nächste Lohngruppe auf. Damit ein Anfänger ein qualifizierter Arbeiter werden kann, muß er mindestens 2 Jahre unter Tage arbeiten.

– Werden bei der Einstufung in Lohngruppen die einheimischen und die ausländischen Arbeiter unterschiedlich behandelt?

– Das passiert bei uns nicht. Wenn so gegen die Rechte eines Arbeiters verstoßen wird, geht er zu seiner Gewerkschaft.

– Welche sozialen Vergünstigungen genießen die Bergarbeiter?

– Für jeden Arbeitstag werden 10 DM Bergmannsprämie bezahlt. Dieses Geld kommt vom Staat und ist steuerfrei. Außerdem werden für jeden Tag, den der Arbeiter unter Tage arbeitet, 5 DM Untertageprämie bezahlt, aber dieser Betrag wird versteuert. Für die Nachtschicht gibt es Zuschläge, für die Zeit von 22.00 Uhr bis morgens 7.00 Uhr z. B. 1,70 DM pro Stunde, ohne Abzug. Jeder Bergarbeiter, der unter Tage arbeitet, hat jährlich 33 Tage Urlaub, unabhängig vom Alter, bei den Arbeitern über Tage sind das 30 Tage. Das Urlaubsgeld beträgt rund 300 DM, das Weihnachtsgeld 2 900 DM.

– Bekommen die Arbeiter auch Deputat?

– Jeder Bergarbeiter hat Anspruch auf eine bestimmte Menge Kohle im Jahr. Die Ledigen bekommen 3,5 Tonnen, Verheiratete 6 Tonnen, Familien mit drei Kindern 6,5 Tonnen, Familien mit mehr als drei Kindern 7 Tonnen. Wer in einer Wohnung mit Zentralheizung wohnt, bekommt seinen Anteil in Geld ausbezahlt. Jeder bekommt einmal jährlich eine komplette Bekleidung – auch häufiger, wenn diese zerschlissen ist –, außerdem zwei Händtücher und alle drei Monate 11 Stück Seife.

– Wie lange ist die tägliche Arbeitszeit?

– Das richtet sich nach den klimatischen Bedingungen, also der Temperatur am Arbeitsplatz. An Arbeitsplätzen, an denen Temperaturen bis 28 Grad Celsius herrschen, sind es 8 Stunden, an Stellen, die wärmer sind als 28 Grad, wird 7 Stunden gearbeitet. Wenn es sehr heiß ist, wird die tägliche Arbeitszeit bis auf 6 Stunden herabgesetzt.

Die Bergleute im Untertagebau wissen sehr gut, daß diese Arbeit nicht leicht ist. Mit wem ich auch sprach, wenn wir zum Thema Arbeit kamen, hörte ich immer wieder den Satz: „Wie soll ich es dir erklären, wenn du das nicht gesehen hast, unsere Arbeit ist dermaßen schwer!" Von 110 Bergarbeitern, die ich dazu befragt habe, klagen 51 – also 46 Prozent –, daß sie unter besonders schweren Bedingungen arbeiten. Ein junger Mann von 20 Jahren, der seit 4 Jahren unter Tage arbeitet, erzählt mir, was der Vorarbeiter ihnen bei der Arbeit gesagt hat: „Für mich bringen zwei türkische Arbeiter soviel wie zehn deutsche. Wenn sie mir 2 Türken geben, reicht das!" Ein anderer Bergarbeiter, der seit 20 Jahren in Bergkamen lebt, berichtet: „Alle kennen mich als einen fleißigen Menschen. Jetzt kann ich zum Beispiel, weil ich krank geschrieben bin, nicht zur Arbeit gehen. Der Ingenieur in der Zeche hat zu den türkischen Kollegen gesagt: ‚Als unser Altgedienter hier war, ging die Arbeit gut voran. Wir kamen am Tag fünf Meter voran!' Mit Stolz fügte er hinzu, daß sie die Hauptstollen verlegt haben und er als erster in den Luftschacht gestiegen sei.

Am 15. August 1984 fahre ich zur Zeche „Haus Aden", um die Arbeit unter Tage kennenzulernen. An diesem Tag habe ich die Gelegenheit, die Bedingungen unter Tage selbst zu erleben und mit dem, was ich vorher gehört hatte, zu vergleichen. Direktor Kimmel gibt uns Informationen über die Arbeit im Betrieb. „Täglich werden 25 000 Tonnen gefördert. Nach der Reinigung von den Steinen und der Erde bleiben 11 000 Tonnen Kohle netto."

– Herr Kimmel, wie viele Personen sind hier beschäftigt?

– Die Zahl der gesamten Belegschaft beträgt 3 670. Mit den Lehrlingen zusammen sind es ungefähr 5 000. Die Anzahl der türkischen Arbeiter beträgt 650. 111 Personen sind in die Türkei zurückgekehrt.

– Wie Sie wissen, ist in den letzten Jahren die Zahl der Türken gestiegen, die zurückgefahren sind. Es wurden sogar Rückkehrprämien bezahlt, um diese Entwicklung zu fördern. Was halten Sie davon?

Herr Kimmel schweigt plötzlich. Man sieht, daß er mit einer Frage konfrontiert ist, die er nicht erwartet hat. Er betont, daß er so allgemein nichts dazu sagen wolle, weil seine Äußerungen sonst falsch in die Öffentlichkeit gelangen könnten. Als ich aber meine Frage erweitere und ihn frage: „Wie wird diese Entwicklung Ihren Betrieb beeinflussen?" antwortet er erleichtert: „Wenn die Türken weg wären, könnte ich nicht sagen, wie die Zeche weiterarbeiten würde. Wir würden wohl nicht schließen, aber wir hätten viele Probleme."

Wir ziehen die Bergmannskleidung an und steigen in den Aufzug, der sowohl an den Seiten als auch nach oben offen ist und wie ein Viehwaggon aussieht. Wir

151

müssen uns am Geländer festhalten. Die Uhr im Hauptstollen zeigt 9.30 Uhr, aber in der Dunkelheit kommt es mir vor, als wäre Nacht; die Lampen erinnern an Straßenlaternen. Wir biegen in einen der Seitenstollen ein, in dem Kohle gewonnen wird. Hier ist es noch finsterer und der Weg viel enger. Der Weg wird immer schlammiger und steiniger. Wie wir hier wohl wieder rauskommen werden? An vielen Stellen müssen wir uns bücken, um überhaupt durchzukommen. Die Arbeiter, die wir von Zeit zu Zeit sehen, die manchmal einzeln, manchmal in Gruppen arbeiten, wirken auf mich, als wären sie auch ein Teil der Kohle geworden.

„Wer zu Fuß geht, friert nicht", sagt man. Ich glaube, das ist nur über Tage gültig. Plötzlich schlägt uns ein kalter, übelriechender Windzug entgegen. Wenig später wird es wieder unerträglich heiß. Ich beginne zu schwitzen, die Wäsche klebt am Körper.

Als wir uns dem Stollen nähern, in dem die Kohle gehauen wird, können wir die Arbeiter vor lauter Schwaden kaum erkennen. Mit Mühe bewegen wir uns auf den Holzstegen, die über Wasserpfützen und auf dem Boden herumliegende Holzstücke führen. Um ein paar Worte zu reden, gehe ich zu einem türkischen Arbeiter, aber es ist so laut, daß weder er noch ich ein Wort verstehen können. Nur einen einzigen Satz kann ich aufschnappen: „Wir Türken arbeiten immer an solchen Arbeitsplätzen . . ."

Als wir zum Aufzug zurückkehren, fällt mir wieder ein, was Direktor Kimmer vor ein paar Stunden gesagt hat: „Ich weiß nicht, ob die Zeche ohne die Türken weiter in Betrieb wäre!" Die Uhr zeigt 11.45 Uhr. Wir sehen nicht anders aus als die Kumpel selbst. Mund und Nase sind voller Kohlenstaub. Wieviel ich geschluckt habe, weiß ich nicht, aber immer, wenn ich ausspucke, kommt Kohlenstaub heraus. Als der Aufzug oben anlangt, freuen wir uns, wieder das Sonnenlicht zu sehen und frei atmen zu können.

„Wo gibt es bessere Wohnungen für uns?"

„Schon 1975 habe ich im Wohnungsamt eine größere Wohnung beantragt, aber ich bekomme keine. So müssen wir zu zehnt, ich, meine Frau und die 8 Kinder, mit dieser 2-Zimmer-Wohnung von 48 qm zurechtkommen, mit einer Küche, ohne warmes Wasser. Wenn mich ein Verwandter besucht, kann ich ihm kein Bett anbieten, habe nicht einmal Platz zum Sitzen. Die fünf Mädchen schlafen zusammen. Die zwei Jungen schlafen in der Küche. Wenn ich nachts von der Arbeit komme, werden die Kinder wach. Sie müssen jedoch am nächsten Morgen früh aufstehen und in die Schule gehen." Das erzählt mir H. Kaplan aus Tunceli, der seit 14 Jahren in der Zeche arbeitet. Das ist kein Ausnahmenfall, in dieser bitteren Lage sind Hunderte von türkischen Familien.

M. Karabacak kam 1971 als Bergarbeiter nach Bergkamen, er stammt aus Zonguldak. Er ist Vater von fünf Kindern. „Sogar zum Schlafen haben wir so wenig Platz, daß wir fast aufeinander liegen", sagt er, „wir sind eine siebenköpfige Familie. Wir versuchen mit zwei Zimmern und einer Küche auszukommen. Die Wohnung ist ungefähr 45 Quadratmeter groß. Drei der Kinder schlafen in einem Zimmer, das Mädchen schläft in der Küche." Den heruntergekommenen Zustand des Hauses sieht man schon im Treppenhaus. An den Wänden der rohe Putz, die Türen sind seit Jahren nicht gestrichen. In der Toilette und im Bad fallen die Tapeten von den Wänden; alles sieht so verwohnt aus, daß man gar nicht reingehen will.

– Karabacak, hast du beim Wohnungsamt eine größere Wohnung beantragt?

– Ich habe viele Anträge gestellt, das hat nichts genutzt. Sie wollen mir zwei Wohnungen geben, aber das ist mir zu teuer. Denn ich bin Alleinverdiener. Wie soll ich eine hohe Miete zahlen? Hier haben die Kinder Schwierigkeiten, Hausaufgaben zu machen, sie haben kein Zimmer für sich. Einen von meinen Buben haben sie in die Sonderschule geschickt, weil er in der Schule zu frech war.

– Wie hoch ist die Miete?
– Ich bin 1976 hier eingezogen. Damals habe ich 191 DM bezahlt. Nach mehreren Mieterhöhungen zahle ich jetzt 268 DM.

Im Bergkamener Ortsteil Rünthe wohnen viele Bergarbeiter, darunter besonders viele Türken. Ich stehe vor dem Haus Taubenstraße 17. Neben den Türklingeln überall türkische Männernamen; darunter auch „Nazım Kantarlı". N. Kantarlı ist hier in dem Wohnviertel mit seiner großen Familie allgemein bekannt. Bis ich die Treppen zum zweiten Stock hinaufgestiegen bin, habe ich mindestens 20 Paar Schuhe gezählt. Als ich durch die Wohnungstür eintrete, begrüßt mich nicht nur N. Kantarlı, hinter ihm ist das ganze Zimmer voller Kinder. Kantarlı wurde 1938 in Bartın geboren und kam 1969 zu einer Zeche in der Nähe von Bergkamen. Nachdem er dreizehn Jahre durchgehend unter Tage gearbeitet hatte, wurde er krank. Weil er oft krank wurde und Krankenurlaub nehmen mußte, wurde ihm gekündigt. „Ich werde jedes Jahr 3 bis 4 Monate krank. Weil ich keinen Appetit habe, werde ich immer dünner", sagt er. Kantarlı, Vater von acht Kindern, ist seit drei Jahren arbeitslos. Er sucht seit langem Arbeit, aber ohne Erfolg. „Was sollen wir einem 45jährigen Arbeit geben", sagte man ihm bei einigen Firmen. Seine Frau und er hatten eine unbegrenzte Aufenthaltserlaubnis, aber im April 1984 hat die Ausländerpolizei, weil er arbeitslos ist, diese für ungültig erklärt und ihnen nur noch Aufenthaltserlaubnis für ein Jahr gegeben.

Kantarli erzählt, er wohne seit 15 Jahren in demselben Wohnviertel, auf der gleichen Straße. Er klagt über die Enge seiner Wohnung; die ist 66 Quadratmeter groß, drei Zimmer, aber die Hälfte davon ist mit alten Möbeln und Kleidern vollgestopft. Weil die Küche größer ist, wird sie auch zu den Zimmern gezählt. Im Monat zahlt die Familie 287 DM Miete.

Die Wohnungen gehören der Stadt, wurden 1980/81 renoviert und an türkische Familien vermietet. Es wurde dabei nicht berücksichtigt, daß die Türken kinderreiche Familien haben. Schließlich waren diese Menschen froh, überhaupt ein Dach über dem Kopf zu haben, und nahmen es in Kauf, beengt zu leben. Kantarlı versucht, seine weinende, fünf Monate alte Tochter, die er auf dem Arm hält, zu beruhigen. Zugleich beantwortet er meine Fragen. „Ein Kind, das nicht weint, kriegt nichts zu essen", sagt er.

– Schlafen die Kinder alle in einem Zimmer?

– Die drei kleinsten schlafen bei uns, die fünf älteren schlafen in einem Zimmer zusammen.

– Wie kommen deine Kinder in der Schule voran?

– Die Wohnung ist für uns zu eng. Außerdem können wir Eltern ihnen nicht helfen, denn wir können kein Deutsch. Deswegen haben fast alle ein Jahr wiederholen müssen. Einmal werden sie versetzt, das nächste Mal müssen sie wiederholen!

– Sucht ihr eine große Wohnung?

– Ich habe eine gesucht, und ich suche immer noch. Wenn sie erfahren, daß wir eine so große Familie sind, geben sie uns keine Wohnung. Ich hatte einmal eine passende Wohnung gefunden, konnte sie aber leider nicht mieten: 1 350 DM wurden verlangt. Wovon soll ich das nehmen?

– Wie hoch sind deine monatlichen Einkünfte und Ausgaben?

– Mit Arbeitslosengeld und Kindergeld zusammen betragen unsere Einkünfte 2 560 DM. Die Ausgaben sind höher als 3 000 DM.

– Wieviel Brot wird bei euch täglich gegessen?

– Wir essen mindestens fünf Brote. Wir kaufen bei dem türkischen Lebensmittelladen ein. Aber auf Kredit! Wenn dann Kindergeld kommt, zahlen wir. Vor einigen Jahren haben wir bei der Bank Kredit aufgenommen, um in der Türkei ein Haus zu bauen. Das hat uns gar nichts gebracht. Dort haben wir auch noch 34 000 DM Schulden.

Frau Kantarlı ist nicht so mager wie ihr Mann. Obwohl sie so viele Kinder auf die Welt gebracht hat, ist sie für ihr Alter und für ihre Körpergröße recht dick. Ab und zu beteiligt sie sich mit einigen Worten an unserer Unterhaltung. Aber man merkt, daß sie in einer bedrückten Verfassung ist. Während einer Gesprächspause frage ich sie, warum sie nicht erzähle, was sie auf dem Herzen hat. „Was nützt das Erzählen?" meint sie. „Bis jetzt habe ich alles erzählt, trotzdem hat es nichts gebracht. Vor vier Wochen haben sie meinem über alles geliebten 14jährigen Sohn einen Fuß abgenommen. Wer wird uns nun helfen?" Darauf mischt sich ihr Ehemann ins Gespräch und sagt: „Wir haben sie verklagt!"

– Warum hat man eurem Kind den Fuß abgenommen?

– Ein polnisches Kind hat ihn mit dem Stuhl geschlagen. Wir haben auch nicht gewußt, was los war. Er hat eine Zeitlang gehumpelt. Wir haben ihn zu Hause versorgt. Als wir ihn schließlich ins Krankenhaus brachten, sagte man uns: „Das ist zu spät." Sie sagten, daß sie seinen Fuß abschneiden müßten. Passiert ist passiert. Ich hatte schon Angst, mein Kind zu verlieren. Zwei der Kinder sind in der Türkei, sechs sind in Deutschland geboren. Sie sprechen nicht gut Deutsch. Aber auch wenn sie Türkisch sprechen, kann man sie kaum verstehen.

Als ich Vater Kantarlı darum bitte, mir das Alter seiner Kinder zu nennen, zählt er sie zweimal an seinen Fingern ab, aber ohne Ergebnis. Dabei kommt er auf 9 Kinder. Beim dritten Zählen nennt er die Altersstufen „15, 14, 13, 12, 8, 6, 4 Jahre; 5 Monate". Ich frage Frau Kantarlı, ob alle Kinder Wunschkinder gewesen seien.

„Bei manchen war es ein Versehen", antwortet sie. „Manche wollten wir aber auch haben. Besonders das letzte Kind habe ich auf die Welt gebracht, weil ich Angst hatte, meinen 14jährigen Sohn zu verlieren. Also an seiner Stelle. Wir haben viele Kinder. Gott hat sie uns gegeben, was sollen wir machen?"

Die Türkischstunde soll gleich beginnen, die Kinder warten mit den Schultaschen in der Hand vor dem Klassenzimmer. Meistens sprechen sie türkisch miteinander, in verworrenen Sätzen. Als der türkische Lehrer das Klassenzimmer öffnet, nehmen Mädchen und Jungen an getrennten Tischen Platz. 16 Kinder zähle ich im Unterricht. Gegen Ende des Unterrichts kommt der Lehrer auf meinen Wunsch hin auf das Wohnungsproblem zu sprechen. Er fordert die Kinder auf, der Reihe nach zu berichten, wieviel Zimmer ihre Wohnung habe und wie viele Geschwister zusammen wohnten. Darauf zählen die Kinder auf:

1. Ich habe vier Geschwister, wir wohnen in einer Dreizimmerwohnung.

2. Ich habe auch vier Geschwister, aber wir wohnen in zwei Zimmern.

3. Wir sind drei Geschwister, haben zwei Zimmer. Das jüngste von uns schläft bei unserem Vater im Zimmer, wir beiden anderen schlafen im Wohnzimmer.

4. Wir sind fünf Geschwister, wohnen in einer Dreizimmerwohnung. Vier von uns schlafen in einem Zimmer. Unser Vater arbeitet bei der Zeche.

5. Wir sind vier Geschwister, haben eine Dreizimmerwohnung. Wir schlafen zu viert in einem Zimmer.

6. Ich bin Einzelkind, wir haben zwei Zimmer.

7. Wir sind vier Geschwister und haben drei Zimmer. Wir alle schlafen im Wohnzimmer. Wenn ein Film angeschaut wird oder wenn wir Besuch haben, schlafen wir im Zimmer unserer Eltern. Wenn unser Zimmer nachts dann wieder frei wird, gehen wir in unser Zimmer.

8. Wir sind vier Geschwister und wohnen in drei Zimmern. Ich schlafe mit meinem älteren Bruder im Kinderzimmer, zwei kleinere schlafen beim Vater.

9. Wir sind vier Geschwister und haben drei Zimmer. Wir drei jüngeren schlafen im Kinderzimmer. Mein älterer Bruder schläft im Wohnzimmer.

10. Wir sind sechs Geschwister, zwei Jungen und vier Mädchen. Wir haben drei Zimmer, wir sechs Geschwister schlafen im Kinderzimmer. Ich weiß nicht, wo mein Vater arbeitet.

11. Wir sind sechs Geschwister und haben vier Zimmer. In einem Zimmer schlafen die vier Mädchen, in dem anderen zwei Jungen. Mein Vater arbeitet bei der Zeche.

12. Wir sind vier Geschwister und haben zwei Zimmer. Drei Geschwister schlafen im Wohnzimmer, unsere Schwester schläft im Elternschlafzimmer.

13. Wir sind vier Geschwister und wohnen in drei Zimmern. Drei Geschwister schlafen in einem Zimmer, der vierte in der Küche.

14. Wir sind vier Geschwister und wohnen in viereinhalb Zimmern. Ich möchte sagen, unsere Wohnung reicht nicht aus, wir können nicht jeder in seinem Zimmer Hausaufgaben machen.

15. Wir sind zwei Geschwister und haben eine Zweizimmerwohnung. Wir zwei Geschwister schlafen in einem Zimmer.

16. Wir sind fünf Geschwister und wohnen in einer Dreizimmerwohnung. Drei von uns schlafen in einem Zimmer, zwei andere in der Küche.

Ein Mädchen in der hintersten Bank hat als letzte gesprochen. Es erzählt: „Wir können nicht gut Türkisch. Wenn wir in die Türkei zurückgefahren wären und ich dort in die Schule gehen würde, käme ich nicht mit." Während das Mädchen noch redet, mischt sich ein Schüler ein: „Wenn ihr in die Türkei gehen würdet, würde man euch nicht erlauben, in die Schule zu gehen. Denn die Mädchen dürfen dort nicht in die Schule!" Lächelnd schaut er zu seinen Freunden. Man sieht ihm an, daß er mit seinen Worten zufrieden ist.

Nachdem die Kinder das Thema Wohnung beendet haben, sagt mir der Lehrer: „Die türkischen Eltern geben ihren Kindern nicht das nötige Selbstbewußtsein mit. Denn die Eltern kennen das selbst nicht. Unser allgemeines Problem ist die Zurückhaltung der türkischen Kinder. Bei irgendwelchen Veranstaltungen haben die Kinder Angst davor, Aufgaben zu übernehmen. Denn an erster Stelle haben die Eltern das Sagen, dann erst die Schulleitung. Ohne Erlaubnis der Eltern dürfen sie keine Aufgaben übernehmen. Demgegenüber ist ein deutsches Kind viel freier, es hat keine solchen Probleme."

Meine Gespräche und Beobachtungen mit 110 türkischen Familien haben ergeben, daß sich 74 davon in ernsthafter Wohnungsnot befinden. Das heißt, 67 Prozent wohnen in Wohnungen, die nach heutigen Maßstäben in einem sehr schlechten und gesundheitsschädlichen Zustand sind. Außerdem haben 98 von 110 Familien, 89 Prozent, erklärt, sie hätten nicht vor, in absehbarer Zeit in die Türkei zurückzukehren. Wie lange müssen noch Hunderte von Familien in winzigen feuchten Wohnungen ohne Bad und Warmwasser, die mehr einem Hühnerstall gleichen, ausharren?

Manche mögen an dieser Stelle denken: Die Türken könnten in besseren Wohnungen wohnen, aber sie wollen nicht mehr Miete zahlen, sie sind es gewohnt, unter solchen Bedingungen zu leben. Ähnliche Probleme haben wir auch, nicht nur die Türken.

Erstens, die türkischen Arbeiter sind Fremde. Die Türkei ist auf ökonomisch-kulturellem Gebiet nicht sehr entwickelt. Sie kommen sogar meist aus Gegenden, die besonders weit zurückgeblieben sind. Dadurch ist ihre Anpassungsfähigkeit ebenso wie ihre Bereitschaft, die Sprache zu lernen, stark eingeschränkt. Unfähigkeit, für die eigenen Rechte einzutreten, und Isolation sind das Ergebnis, zumal nicht einmal ein Mindestmaß an Vorkehrungen getroffen wurde, um diesen Menschen eine Anpassung zu erleichtern. Man hat sie als Menschen betrachtet, die mit wenig auskommen und viel geben, die heute kommen und morgen wieder gehen. Von den 110 türkischen Familien hatten lediglich 38, also 35 Prozent, Kontakte zu deutschen Familien. Selbst diese Kontakte sind sehr beschränkt und erstrecken sich auf nicht mehr als eine oder zwei Familien.

Zweitens, die türkischen Arbeiter haben, weil sie ihre ländlichen Lebensgewohnheiten in der Stadt weiterführen, viele Kinder. Das stellt sie bei der Wohnungssuche vor ein doppeltes Problem: Weil sie kinderreich sind, bekommen sie nur schwer eine Wohnung, und die Wohnungen, die sich von der Größe her für sie eignen würden, sind zu teuer. Denn meistens arbeitet in einer Familie nur eine Person, der Mann. Das begrenzt die monatliche Ausgabenkapazität.

Drittens kommt die Unsicherheit durch die seit Jahren anhaltende Diskussion über die Türken hinzu, die sich immer mehr zu regelrechter Ausländerfeindlichkeit steigert. „Morgen können sie uns alle in die Türkei zurückschicken. Oder wir werden es hier angesichts der täglich erlebten Ungerechtigkeiten nicht mehr aushalten und zurückkehren!" Aus dieser Angst heraus sparen sie am Essen, an Kleidung und an den täglichen Bedürfnissen, um für eine ungewisse Zukunft Geld zu haben.

In Bergkamen kennen diejenigen, die Wohnungsprobleme haben, den Namen Günter Kaussen gut. Dieser – inzwischen verstorbene – Immobilienhändler besaß 1984 hier über 400 Wohnungen; es sind die ältesten und verkommensten. Ein Türke über seine Kaussen-Wohnung: „Wenn es regnet, werden wir von oben, wenn es nicht regnet, von unten naß! Brauchbare Möbel können wir nicht reinstellen, weil alles in der Wohnung wegen der Feuchtigkeit fault oder verrottet." Im Wohnungsbüro von G. Kaussen in Bergkamen sagt man mir, daß 34 Prozent der Bewohner dieser Wohnungen Türken seien. Nach den Angaben des Stadtdirektors aber wohnen hier mehr als 60 Prozent Türken. Ich fragte ihn: „75 Prozent der Türken wohnen in Wohnungen, die fast unbewohnbar sind. Denken Sie daran, irgendwelche Maßnahmen zu ergreifen, um die Situation zu verbessern?" Die Antwort: „Dagegen sind wir machtlos. Rechtlich haben wir keine Handhabe. Nur wenn wir an den Fenstern, Türen oder Wänden der Wohnung Mängel sehen, benachrichtigen wir das Gesundheitsamt."

8. August 1984. Ich stehe vor dem Wohnungsbüro von G. Kaussen. Als ich auf der Straße darauf warte, daß das Büro geöffnet wird, versammeln sich Menschen, die auf Wohnungen warten. Unter den Wartenden sind auch deutsche Kumpel, aber die Türken sind in der Mehrzahl.

Ein türkischer Arbeiter namens H. Erkan erzählt: „1978 bin ich in eine 2-Zimmer-Dachwohnung von 46 Quadratmeter mit Küche und Bad, aber ohne warmes Wasser eingezogen. Meine Wohnung ist schlecht. Bis

jetzt haben wir noch aus Not ausgehalten. Aber ich habe zwei Kinder. Sie werden älter. Es ist nicht mehr schicklich, daß wir alle im selben Raum schlafen. Wir brauchen noch ein Zimmer." Er seufzt und schaut ärgerlich zu den Fenstern des Büros: „Wir haben uns vor gut einem Jahr an dieses Büro gewendet, weil wir eine geräumige Neubauwohnung suchen. Bis jetzt haben sie uns nicht eine einzige Wohnung gezeigt. Als ich einmal nachfragte, gaben sie mir die Antwort: ‚In der Türkei gibt es viele Wohnungen, geh doch dorthin.' Dann sagten sie mir, daß sie aus ihrem Hauptbüro in Köln keinen Bescheid hätten und deswegen seit einem Jahr niemandem eine Wohnung vermitteln."

Eine ältere, sehr unfreundlich wirkende deutsche Frau sperrt die Bürotür auf. Sie fängt gleich an, die Türken zu beschimpfen. Obwohl die Tür zu ist, hört man ihre Stimme bis nach draußen. Die Türken, die darauf warten, an die Reihe zu kommen, sagen: „Diese Frau mag uns gar nicht. Was sie uns schon alles gesagt hat!"

Als H. Erkan wieder herauskommt, will ich ihn fragen, was er erreicht hat. Aber er sprudelt gleich von selbst los. „Die haben gesagt: ‚Wenn du eine Wohnung in der Werner Straße willst, kannst du eine haben.' Ich wollte nicht. Denn sie wollen die alten, heruntergekommenen Wohnungen, in die niemand einziehen will, an uns vermieten. Was ist das für eine Ungerechtigkeit!" Er geht schnellen Schrittes weg, ich sehe im wortlos nach.

Die Werner Straße ist eine längere Straße zwischen Bergkamen und Kamen. Die Häuser an dieser Straße sind berüchtigt, besonders unter den Türken. Wenn sich einer über den anderen ärgert, sagt er: „Die Werner Straße, die wäre für dich recht!"

Es ist gar nicht nötig, in der Werner Straße die Wohnungen zu betreten, schon der Anblick von außen erzählt Bände. Es sieht so aus, als ob die Häuser nach einem starken Erdbeben vor Jahren von den Bewohnern verlassen worden wären. Türen, Fenster und Treppen sind ramponiert. Alles ist brüchig. Hinter den zerbrochenen Fensterscheiben sieht man ab und zu dunkle Köpfe. Aber auch die ziehen sich wie scheue Vögel sofort in die Wohnungen zurück, wenn sie auf den Straßen fremde Gesichter entdecken. Hier wohnen meistens Türken, die arbeitslos sind. Die Werner Straße ist zur Heimat der Sich-selbst-Überlassenen geworden.

Ich habe einmal zwei deutsche Lehrerinnen begleitet, um eine türkische Familie zu besuchen. Der Zustand des Treppenhauses und der Treppenabsätze, die wir bis zum 3. Stockwerk hinaufgehen mußten, war erschütternd. Wenn man von oben in das Treppenhaus hinuntersah, schien es, als blicke man in ein schwarzes Erdloch. Die Wohnung sah von innen nicht viel besser aus. Die Möbel in den Zimmern waren so alt und modrig, daß man sich nicht darauf setzen mochte. Die Tapete war stellenweise abgeblättert und die Zwischenräume voller Spinnweben. Wir haben es in der Wohnung nicht länger als eine halbe Stunde ausgehalten. Das, was wir gesehen hatten, bedrückte eine der Lehrerinnen so sehr, daß ihr übel wurde. Sie ging hinter die Bäume gegenüber und übergab sich.

Aus diesem Grund will niemand, der vor dem Immobilienbüro Kaussen wartet, eine Wohnung in der Werner Straße mieten. „Warum sollen wir so eine Wohnung mieten? Das ist nicht besser als jetzt", heißt es.

Naci Genç stammt aus Ordu und arbeitet in der Zeche „Neue Monopol". Auch er sucht eine Wohnung. Er betritt das Büro, kommt aber nach wenigen Minuten mit einem Zettel in der Hand heraus.

– Was haben sie dir gesagt? Bekommst du eine Wohnung, die deinen Bedürfnissen entspricht?

– Nein, ich habe erzählt, daß ich in zwei Zimmern wohne. „Das ist mir zu klein, ich brauche ein größere", sagte ich. Wissen Sie, was sie zu mir gesagt haben?

„Kauft euch Etagenbetten!" Meine Kinder sind 13 bis 14 Jahre alt. „Wo soll ich sie unterbringen?", fragte ich. Dann gaben sie mir diesen Antrag, der auch wieder nichts nützt. Ich hab' so einen schon mehrere Male ausgefüllt, aber weder einen positiven noch einen negativen Bescheid bekommen. Die nehmen die Schwierigkeiten, in denen wir leben, überhaupt nicht ernst. Sie denken nur an ihr Geld.

Ich bin an der Reihe. Als ich eintrete, nenne ich der zuständigen Angestellten meinen Namen und füge hinzu, daß ich mich über die Klagen der Türken und ihr Wohnungsangebot informieren wolle. Ich merke, wie sie plötzlich mißtrauisch wird. Die Türken, mit denen ich draußen gesprochen hatte, haben mich gewarnt: „Es kann sein, daß sie dich schlecht behandeln. Wir warten draußen auf dich." Als ich meine Fragen stelle, sagt mir die Angestellte, sie sei nicht berechtigt, mir Auskunft zu geben. Ich sehe, daß sie schwitzt. Alles, was ich aus ihr herausbekommen kann, ist, daß sie ungefähr 400 Wohnungen haben. Sie haben hier sichtlich Angst, denn sie haben die schlechten Lebensbedingungen von Hunderten von Menschen zu verantworten.

„Alle Automatenknacker waren arbeitslos!"

Die Zukunft gehöre der Jugend, heißt es. Das ist zweifellos richtig, nur: Wie wird die Zukunft aussehen? Sorgen und Kummer, Arbeitslosigkeit und Armut? Oder glückliche Tage, ein erfülltes Leben?

In der Bundesrepublik Deutschland wartet schwere und unqualifizierte Arbeit in Zechen, in Putz- und Reinigungsbetrieben oder auf Baustellen auf die türkischen Jugendlichen. Diese jungen Menschen bereiten sich jetzt schon darauf vor, an den Arbeitsplätzen ihrer Väter, die wegen Krankheit, Invalidität und Alter frei werden, anzufangen. Aber es gibt auch andere Wege. Die Zeit der Arbeitslosigkeit und der Geldsorgen wird nicht selten zu einer Brücke ins Gefängnis.

Heute ist der 21. Juli 1984. Auf diesen Samstag habe ich mit Spannung gewartet. Ich bin in die Jugendstrafanstalt Siegburg eingeladen, in der die türkischen Jugendlichen einsitzen.

Die Jugendstrafanstalt liegt am Ende einer Sackgasse zwischen schönen Häusern und grünen Gärten. Das Tor auf der Nordseite und hohe Mauern trennen die Häftlinge vom Leben draußen. Hinter den Mauern herrscht traurige und kalte Stille. Während ich mit den Beamten, die mich begleiten, über die Gefängniswege gehe, hören wir nichts als unsere eigenen Schritte. Fast 900 Jugendliche befinden sich hier. Ihr Durchschnittsalter beträgt 21 Jahre. Warum sind sie hinter Mauern eingesperrt?

Die türkischen Jugendlichen, 35 insgesamt, feiern gerade den religiösen „Şeker Bayramı". Das Fest findet in dem Besucherraum statt, der für die deutschen Sozialarbeiter bestimmt ist. Die Jungen aus den verschiedensten Gegenden der Türkei lassen sich von der Musik immer mehr mitreißen. Besonders die Gefängnislieder

finden großes Interesse: Wenn einer von ihnen eines dieser Lieder singt, steigert sich die Begeisterung sehr. Ich versuche, mit einzelnen von ihnen ins Gespräch zu kommen.

Halil ist ein schmaler, großer junger Mann. Er wurde 1964 in Kırşehir geboren. Vor elf Jahren kam er zu seinen Eltern, die in Duisburg arbeiten. Obwohl Halil bei seiner Familie lebte, hatte er Schwierigkeiten, sich an seine neue Umgebung zu gewöhnen. Er konnte seine Freunde in der Türkei nicht vergessen. Er begann Deutsch zu lernen und ging in die Schule, hatte aber Probleme mitzukommen. Halil sagt: „Ich war verwirrt. Warum das so war, verstand ich nicht. In diesem mir in allem fremden Land hat mir niemand geholfen, damit ich mich zurechtfinden konnte." Er sehnt sich nach der Türkei, aber es gibt kein Zurück. Mit Mühe erreichte er die 8. Klasse, aber dann kam er nicht mehr weiter. Er lernte gleichaltrige türkische Jungen kennen, zog mit ihnen herum und besuchte verschiedene Vergnügungslokale. Sein Taschengeld reichte ihm nicht mehr. Auf Zuraten seines Vaters und anderer Bekannter suchte er sich eine Lehre bei einer Tankstelle. Dort lernte er neue Menschen kennen und bekam Geschmack auf ein gutes Leben und Vergnügen.

Halil saß mit seinen türkischen Freunden in einer Pizzeria, wo sie sich oft treffen, und hatte wieder einmal Geldsorgen. Da kündigte ihnen der italienische Geschäftsführer einen Vorschlag an, der ihnen interessant erschien. Obwohl sie zuerst skeptisch waren, erklärten sie sich doch einverstanden. Was dann passierte, erzählt Halil wie folgt: „Der Italiener ging mit uns in eine abgelegene menschenleere Gegend. ‚Ich mache euch einen Vorschlag. Wenn ihr einwilligt und es schafft, werde ich dabei gewinnen und ihr auch. Ob ihr mitmacht oder nicht, jedenfalls müßt ihr unbedingt euren Mund halten. Wer sich das nicht zutraut, soll sich jetzt schon heraushalten‘, sagte er. Wir haben seine Bedingungen akzeptiert und hörten uns seinen Plan an. Er erzählte uns, daß sein Geschäft große Verluste mache und er deswegen hohe Schulden habe. Er schlug uns vor, seinen Laden anzuzünden. Jeder von uns würde sofort 20 000 DM von ihm bekommen. Weil sein Laden versichert sei, hätte er dann genügend Geld. Dieser Vorschlag erschien uns vielversprechend. Wir machten einen Plan und zündeten das Geschäft an. Während der Laden noch brannte, wurde der Italiener verhaftet. In die Enge getrieben, erzählte er, daß wir damit zu tun hätten. Daraufhin hat die Polizei uns zu Hause abgeholt und verhaftet. Vom Gericht wurden wir zu je 22 Monaten Haft verurteilt. Ich bin seit 1983 hier. Ich konnte mir damals noch nicht vorstellen, daß das Leben im Gefängnis so schwer ist. Ich leide sehr darunter. Die Tage wollen nicht vergehen. Ich bereue meine Tat sehr."

Halil schaut zu Boden, während er spricht, er schämt sich. Seine Worte bleiben ihm im Hals stecken. Wie werden seine Bekannten nach der Entlassung auf ihn reagieren? Wird er eine Arbeit finden? Was wird die Ausländerpolizei sagen? Diese und viele andere Fragen gehen ihm durch den Kopf. Seine Freunde tanzen Halay, einen bäuerlichen Rundtanz, er meint: „Wenn jetzt die Verwandten sie so sehen würden, wie sie hier tanzen. Aber nur mit Grübeln kommt man hier auch nicht raus." Er hängt sich ein bei seinen Freunden und beginnt mitzuhüpfen.

„Ich heiße Ahmet, bin 1964 in Trabzon geboren", sagt ein blonder junger Mann. Die Stuhlbeine hält er mit seinen Füßen umklammert und trommelt auf dem Stuhl vor sich im Rhythmus der Musik. Ahmet erzählt unbefangen über das, was er angestellt hat. Er freut sich sehr, daß wir gekommen sind, um uns mit den Jugendlichen zu unterhalten. „Seit Monaten hat mich niemand besucht. Ich wünsche mir so sehr, mit einem Menschen ein paar Worte zu wechseln", sagt er und schaut mir dabei so innig in die Augen, als ob wir Brüder wären. Er fährt fort: „Wir müssen reden, damit unsere Last ein wenig leichter wird. Dann können wir wieder neuen Kummer verkraften. Bruder, wenn wir auch das nicht können, werden wir eines Tages so voll von Sorgen und Kummer sein, daß wir platzen!"

Ahmet kam 1968 zu seinen Eltern in das Provinzstädtchen Düren bei Köln. Er schaffte es nicht, sich in der Bundesrepublik Deutschland einzuleben, wurde oft krank. Deswegen mußte er nach zwei Jahren wieder in die Türkei zurück. Getrennt von seiner Familie, hatte er auch dort Schwierigkeiten. Seine Verwandten kümmerten sich nicht genügend um ihn. Ahmet hing in der Luft, ihm fehlte die Nestwärme. Weil er es nicht ertragen konnte, von den Eltern getrennt zu leben, kehrte er 1974 in die Bundesrepublik zurück. Dieses Herumziehen von einem Land in das andere in seiner Kindheit prägt ihn stark; dadurch wurde sein zukünftiges Scheitern vorbereitet. Ahmet kam wegen Körperverletzung, verschiedener Einbrüche und Rauschgifthandel ins Gefängnis.

„Arbeitslosigkeit und Geldnot" nennt er als Grund dafür und fährt fort: „Ich habe lange nach einer Stelle gesucht, habe aber nirgends Arbeit gefunden. Allmählich begann ich mich an die Arbeitslosigkeit zu gewöhnen, ich wurde bequem. Immer verlangte ich von meiner Mutter und meinem Vater Geld. Sie gaben mir welches, aber es war nicht soviel, wie ich wollte. Das kränkte mich. Mein Vater schrieb mir vor, zu bestimmten Zeiten zu Hause zu sein. Das paßte mir nicht, ich wollte mich nicht danach richten. Ich ging lieber mit Freunden aus und vergnügte mich."

Ahmet sitzt zum dritten Mal im Gefängnis. Alle Strafen zusammengenommen machen ungefähr 30 Monate aus. Weil er die Haftzeit abgesessen hat, wartet er auf seine Entlassung. Als ich ihn frage, ob er, wenn er entlassen sei, wieder so handeln wolle wie früher, antwortet er: „Wenn mich die Ausländerpolizei nach der Entlassung nicht gleich in die Türkei abschiebt, werde ich nach vier Wochen selber zurückfahren. Denn ich fürchte, daß ich mein früheres Leben nicht aufgebe, solange ich hier bin."

– Wirst du in der Türkei das alles lassen können?

– Das will ich ganz bestimmt. Ich werde dort gar nichts anstellen. Ich will nicht schief angesehen werden.

– Warum verhältst du dich in der Bundesrepublik nicht so?

– Ich kann das nicht erklären. Hier habe ich eine ständige Unruhe in mir. Ich denke, ich habe sowieso einen schlechten Ruf, bin aggressiv und neige zu Straftagen. Zwar weiß ich, daß das alles schlecht ist, aber ich habe mich an dieses Leben gewöhnt. Du siehst ja, ich bin einer der Gelassensten von allen hier.

– Ist es nicht schwer, im Gefängnis zu leben?

– Natürlich; ich wollte, meine Tage wären nicht hier

vergangen. Aber jetzt kann ich wieder lachen. Wenn ich das nicht mehr könnte, wäre das Leben hier nicht auszuhalten!

Auch Musa wurde 1964 geboren, in Giresun. Aber weil er schon mit fünf Jahren in die Bundesrepublik kam, meint er: „Ich habe von der Türkei nichts gesehen." Musa ist verheiratet, hat ein Kind und wohnt in Bochum. Als er zu zweieinhalb Jahren Haft verurteilt wurde, hat er seine Frau und sein Kind bei seinem Vater gelassen, der in derselben Stadt wohnt. Weil er in der Schule nicht weiterkam, ging er in der 8. Klasse ab. Bei den Hausaufgaben hat ihm niemand geholfen. „Wie soll ein Kind unter diesen Bedingungen erfolgreich sein?" fragt er. Bevor er verurteilt wurde, mit 18 Jahren, fand er Arbeit bei einer Transportfirma. Seine Straftat schildert Musa wie folgt: „Ich war mit einem deutschen Mädchen befreundet. Ich hatte nicht mehr getan, als mich mit ihr zu unterhalten. Ich habe ihr allerdings nicht erzählt, daß ich verheiratet bin. Als sie das erfuhr, ging sie auf mich los und gab mir eine Ohrfeige. Darauf habe ich sie auch geschlagen. Nach unserem Streit ging sie zur Polizei und zeigte mich an. Die Polizei nahm mich fest. Ich kam vor Gericht. Ich wurde wegen verbaler Belästigung und Verprügeln zu zweieinhalb Jahren Haft verurteilt. Ich bin der Meinung, daß das eine große Ungerechtigkeit ist. Sogar mein Vater hat, nachdem er den Gerichtsprozeß verfolgt hat, seine Meinung geändert und sagte: ‚Mein Sohn, du bist unschuldig. Hab keine Angst, ich stehe zu dir.'"

– Wie findest du das Leben im Gefängnis, Musa? Du bist ja zum ersten Mal inhaftiert.

– Wenn du jemanden hast, der draußen auf dich wartet, fällt dir das Sitzen sehr schwer. Wenn meine Frau das Kind zum Besuch mitbringt, möchte ich es umarmen, aber es läuft von mir weg. Es kennt mich nicht. Das Kind ist geboren, als ich im Gefängnis saß.

172

– Bereust du deine Tat?

– Und wie! Wenn ich wieder rauskomme, werde ich mich aus allem raushalten, um das hier nie wieder zu sehen. Das Leben hier hat mich umerzogen.

– Warum bist du mit einem anderen Mädchen gegangen, obwohl du verheiratet bist?

– Ich bin jung. Sie haben mich verheiratet, bevor ich meine Jugend auskosten konnte; ich war kaum der Kindheit entwachsen, konnte noch überhaupt keine Lebenserfahrung sammeln. Dafür muß ich jetzt büßen.

Mehmet wurde 1965 in Ankara geboren. 1974 kam er zu seiner Familie nach Dortmund. Damals war er 8 Jahre alt. Er begann die Schule zu besuchen, aber der Unterricht fiel ihm schwer; schließlich ging er von der 8. Klasse ab. Danach besuchte er Berufsbildungskurse. Als Mehmet auch hier nicht den nötigen Erfolg hatte, verlor er die Lust an der Schulausbildung ganz. Das drückt er so aus: „Für wenig Geld zu arbeiten und morgens früh aufzustehen, gefiel mir gar nicht." Er seufzt und meint dann: „Wenn ich meine Strafe abgesessen habe und rauskomme, werde ich mich von allem fernhalten, was mir Strafe bringen könnte. Auch wenn sie mich beschimpfen, werde ich nicht antworten. Das war für mich eine gute Lehre!"

Mehmet wurde wegen Messerstecherei zu 11 Monaten Haft verurteilt: „Ich ging jeden Abend in die Disko. Ein riesiger Deutscher war der Türsteher. Eines Tages hat er mit dem Mädchen, mit dem ich befreundet war, auch eine Beziehung angefangen. Er sagte zu mir: ‚Laß die Finger vom dem Mädchen.' Wir haben die Entscheidung dem Mädchen überlassen. Sie sagte, daß sie mich möge. Darauf ging der Mann mit Beschimpfungen auf mich los. Ich wußte, daß er stärker war. Wenn wir uns geprügelt hätten, hätte ich den kürzeren gezogen. Da habe ich mit einem Messer zugestochen. Er lag drei Tage im Koma. Ich bin froh, daß er nicht gestor-

173

ben ist, obwohl er ein Zuhälter ist. Als ich dann hierherkam, habe ich meine Tat sehr bereut."

Nicht ohne Mitgefühl höre ich den jungen türkischen
Strafgefangenen zu und teile ihre Sorgen mit ihnen.
Einmal im Jahr, aus Anlaß des Festes (Şeker Bayramı),
haben sie die Möglichkeit, eine Mahlzeit gemeinsam zu
essen. Sie versuchen, hier ihre Sehnsucht zu stillen, und
machen untereinander Späße. Manche sind schon
Freunde von früher, andere Geschwister. Der Sozialarbeiter, der mich begleitet, hat gemerkt, daß ich sie aufgeregt beobachte, und sagt zu mir: „Ich kenne die Jungen schon lange. Sie haben keinen schlechten Charak-
ter, sind intelligent. Die meisten von ihnen sind wegen
Diebstahls hier! Weil ihnen niemand Sicherheit geben
konnte, sind sie hier gelandet."
Von den 29, die ich gesprochen habe, waren 12 wegen Diebstahls, 7 wegen Schlägerei, 6 wegen Hehlerei
und Rauschgifthandels, 3 wegen Brandstiftung für
Geld und einer wegen Mordes verurteilt worden. Viel-
fach waren ihre Jugend, ihre unzureichende Lebenserfahrung, ihr Mut und ihre unerfüllbaren Wünsche und
Bedürfnisse ausgenutzt worden.
Turan, wegen Hehlerei zu 2 Jahren Haft verurteilt,
ist 1962 in Ordu geboren. Er zog 1970 mit seiner Mutter zusammen nach Dortmund zu seinem Vater. Als er
die Schule nach der 9. Klasse verließ, ging er in die
Lehre, um bald Geld verdienen zu können. Danach
wurde er straffällig. „Ich schäme mich, daß ich hier
bin. Was ich getan habe, bereue ich sehr", sagt er und
möchte nicht von sich erzählen. Ich dränge ihn weiter,
und da sagt er: „Ich kannte einen 30jährigen Türken.
Er hat Waren organisiert und durch mich verkaufen
lassen."
Die meisten Jugendlichen wissen nicht, was sie nach
dem Absitzen ihrer Strafe anfangen sollen. Vielfältige
Hindernisse warten auf sie: Geldnot, Arbeitslosigkeit,

ihre Verschlossenheit und das Stigma, im Gefängnis gewesen zu sein.

Wird das alles sie dazu treiben, wieder straffällig zu
werden? Oder werden sie diese Schwierigkeiten über-
winden und ihre Zukunft als stabile Menschen mei-
stern? Leider haben wir nicht viel Grund, ihre Zukunft

optimistisch zu sehen. Ein junger Mann wartet darauf,
am Wochenende entlassen zu werden, seine Haft ist zu
Ende. Er sagt: „Ich habe keine fünf Pfennig in der Tasche. Am Tag meiner Entlassung, wenn ich aus dem
Gefängnistor komme, werde ich den ersten Deutschen,
dem ich begegne, um Fahrgeld bitten müssen."

Die Namen Bergkamen und Kamen werden oft in einem Atemzug genannt. Deswegen hat ein Ortsunkundi-
ger Schwierigkeiten, die beiden auseinanderzuhalten.
Kamen ist von Bergkamen knapp 3 Kilometer entfernt
und eine ältere Stadt. 1983 hatte es 44 239 Einwohner.

Den in Kamen für Diebstahl und andere Straftaten zuständigen Kommissar, Herrn Reckers, befrage ich nach der prozentualen Straffälligkeit türkischer Kinder und Jugendlicher. Was er mir erzählt, finde ich bemerkenswert. Reckers erwähnt, mit dem Automatenknacken hätten 15 türkische Jugendliche im Jahr 1979 in Herford begonnen, und es habe sich dann binnen kurzem in der ganzen Bundesrepublik ausgebreitet: „Der Bandenführer ist 1964 in der Türkei geboren und kam aus Dortmund. Schon als Kind, mit 13 Jahren, hat er sich an Raubzügen beteiligt. Er und seine Mittäter wurden ausgewiesen, aber sie kamen auf illegalen Wegen wieder zurück. Der Prozeß dauert immer noch. Wie wir in Erfahrung bringen konnten, sind manche von ihnen in der Türkei Millionäre geworden."

– Herr Reckers, welche Umstände treiben Ihrer Meinung nach diese türkischen Kinder und Jugendlichen zu solchen Straftaten?

– Sie machen das aus Geldnot, ihr Taschengeld reicht nicht aus. Außerdem haben wir festgestellt, daß sie ein paar Tage vor dem Urlaub Radios stehlen. Sie wollen diese in die Türkei bringen, ohne sie zu Hause zeigen zu müssen.

In den Heimen, in denen türkische Arbeiter wohnen, konnte ich so etwas nicht feststellen. Ich bin überzeugt, daß diese Entwicklung auch von dem sozialen Umfeld dieser Menschen abhängt. „Wir hatten nicht einmal ein anständiges Fahrrad", erzählt Herr Reckers mir. „Heutzutage bekommen die Kinder mit 5 Jahren ein Dreirad, mit 12 Jahren ein Fahrrad, mit 16 ein Mofa, und wenn sie 18 oder 19 Jahre alt sind, fahren sie Auto. Da mitzuhalten, ist schwer. Wenn die türkischen Kinder in dieses Alter kommen, haben auch sie solche Wünsche, aber sie bekommen diese Sachen nicht. Manche fangen dann an zu stehlen."

Ich erinnere mich an A. Ö., einen 17jährigen Jugendlichen aus Bergkamen. „Hast du schon mal mit der Polizei zu tun gehabt?" habe ich ihn gefragt. Darauf antwortete er: „Dreimal. Beim ersten Mal wollten wir den deutschen Kindern Geld abnehmen und haben sie mit Messern bedroht. Beim zweiten Mal hatten wir in dem größten Kaufhaus der Stadt Zigaretten gestohlen. Beim dritten Mal wegen Körperverletzung. Ich hatte mich mit einem deutschen Jungen gestritten, aber die Polizei hat die Sache nicht weiterverfolgt, weil ich unschuldig war. Das alles habe ich gemacht, um die Zeit totzuschlagen. Am Ende hat mich mein Vater ganz schön durchgeprügelt!"

In einem Bericht an die Menschenrechtskommission der Vereinten Nationen zum Thema Sklaverei im 20. Jahrhundert wird betont, daß in der Bundesrepublik Zehntausende von türkischen Kindern illegal arbeiten. Türkische Arbeiterkinder würden in Hotels, in kleinen Werkstätten, in Reinigungsgeschäften und in Haushalten eingesetzt; Kinder unter 10 Jahren arbeiten nur gegen freie Verpflegung; junge Mädchen würden in europäischen Städten wie Rotterdam, Amsterdam, Westberlin und Köln zur Prostitution gezwungen. Ich möchte ein beeindruckendes Gespräch mit einem Kind hier als Beispiel wiedergeben: Recep ist 13 Jahre alt. Er spricht ohne Scheu und berichtet mir ausführlich über seine Familie, seine Umgebung, seine Schule und sein privates Leben. Sein Vater ist Bergmann, seine Mutter Hausfrau und Analphabetin. Recep ist das älteste Kind, er hat noch 8 Geschwister. Die Eltern beklagen sich darüber, daß er ungezogen sei und zu spät nach Hause käme. Wenn sie ihn verprügeln, bleibt er nächtelang aus, deswegen schlagen sie ihn jetzt nicht mehr. Heute macht er ihnen Vorwürfe: „Ihr kauft mir kein Fahrrad, ihr gebt mir nicht genügend Geld."

Recep besucht die Sonderschule für lernbehinderte Kinder. Wie man weiß, haben diese Schulen in der Bundesrepublik einen besonderen Ruf. Die türkischen

Eltern und Kinder nennen sie „Irrenschule". Ich habe in Bergkamen und Umgebung 67 türkische Kinder gesprochen, die in die Sonderschule gingen, 60 von ihnen nannten sie so. Recep meinte: „Wer in der Schule nicht gut mitkommt, wird dorthin geschickt. In diesen Schulen ist es nicht schön, niemand kann dort was." Recep ist auch in der Schule ein sehr lebhaftes Kind.

– Warum bist du in diese Schule gekommen?

– Weil ich nicht gut lesen konnte, hat mich der türkische Lehrer hierher geschickt. Aber ich wollte nicht.

– Warum?

– Weil sie mich auslachen und sagen: „Er geht in die Sonderschule." Du kannst es denen nicht erklären. Die Kinder in unserer Straße kennen kein nettes Wort.

– Ärgern sie dich, weil du in die Sonderschule gehst?

– Ja, sie ärgern mich. Ich möchte sie verprügeln. Am liebsten würde ich ihnen einen Stein an den Kopf schmeißen, aber dann kommen sie und beschweren sich.

– Deine alte Schule magst du lieber?

– Ja, die hier gefällt mir gar nicht. Wenn sich welche streiten, trennen die Lehrer die Schüler nicht, sondern schauen nur zu. Die Kinder rauchen Zigaretten. Die großen Kinder kommen sich toll vor, manchmal schlagen sie uns.

– Wieviel Zimmer habt ihr zu Hause?

– Drei. Meine drei kleinsten Geschwister schlafen in dem Zimmer meiner Eltern, wir anderen sechs in einem Zimmer zusammen!

– Kannst du unter diesen Umständen Hausaufgaben machen?

– Wenn ich wollte, könnte ich, aber die anderen machen zuviel Krach.

– Gehst du zum Korankurs?

– Eigentlich schon, aber offen gesagt war ich seit drei Wochen nicht mehr dort.

– Was willst du werden, wenn du groß bist?

178

– Ich will Professor werden. Von Technik verstehe ich ein bißchen was. Arzt möchte ich nicht werden, da kann man zu leicht einen Fehler machen.

– Würdest du gern in die Türkei zurückkehren?

– Ja, gern. Da tun die Kinder denen, die neu gekommen sind, nichts an. Wenn wir zum Urlaub in die Türkei fahren, vergesse ich die Schimpfwörter. Da sage ich keine Schimpfwörter mehr. Ich kam zurück und habe wieder mit den Schimpfwörtern angefangen. Sie zwingen einen ja dazu! In der Türkei schlagen einen die Lehrer zwar viel, aber sie bringen einem auch etwas bei! Wenn ich von dieser Schule weggehen könnte, würde ich mich sehr freuen, aber sie lassen mich nicht.

– Hast du deutsche Freunde?

– Nein, ich will mich nicht mit ihnen anfreunden. Sie alle wollen, daß wir von hier weggehen. Aber in dem Park in der Nähe von unserer Wohnung treffe ich mich mit deutschen Rockern; sie haben Motorräder. Wenn jemand mich verprügeln würde, würden sie ihn verfolgen. Sie wissen, daß ich gut bin. Die mag ich gern. Sie trinken auch Alkohol. Ich rauche ab und an eine Zigarette, ohne zu inhalieren. Alle Rocker sind auf meiner Seite. Die deutschen Kinder können mir in unserem Wohnviertel gar nichts antun. Einmal war ein Rocker neu in die Gruppe gekommen, er hat mir eine Flasche auf den Fuß geworfen. Ich habe geweint. Drei Rocker haben ihn daraufhin ordentlich durchgeprügelt. Wenn sie weit wegfahren, nehmen sie mich mit. Als ob ich einer von ihnen wäre. Manchmal gehen wir in die Kaufhäuser. Meine Freunde stehlen dann alten Frauen Zigaretten und geben sie mir, ich teile sie aus. Wenn einer etwas nicht hergibt, dann prügeln sie ihn!

Şenol Çelik ist 1964 in Zonguldak geboren. Seit 1974 lebt er in Bergkamen. Wenn er seine Lebensgeschichte erzählt, hört sich das an, als würde er die Geschichte anderer Jugendlicher nacherzählen. Şenol ging in der Türkei bis zur dritten Klasse in die Schule. Zu seinem Vater, der als Bergmann arbeitet, in die Bundesrepublik gekommen, wird er hier in eine türkische Klasse geschickt. Nur in der 7. und 8. Klasse besucht er die deutsche Schule. Weil er die 8. Klasse nicht schafft und schon zu alt ist, muß er von der Schule gehen. Danach bleibt ihm nichts anderes übrig, als in einer Fabrik zu arbeiten. 1982 fährt er zum Urlaub in die Türkei. Bei seiner Rückkehr erfährt er, daß ihm gekündigt worden ist, weil es zuwenig Arbeit gibt. Er wendet sich sofort an das Arbeitsamt, um neue Arbeit und Arbeitslosengeld zu bekommen. Er erhält 700 DM Arbeitslosengeld: „Das hat mir nicht gereicht. Ich bin verheiratet,

habe ein Kind. Ich mußte 300 DM Miete und alle 2 Monate 200 DM Stromgebühren zahlen. Durchschnittlich 120 DM monatlich kostete die Babynahrung. Mit den restlichen 180 DM konnten wir nicht auskommen. Ich habe mich an das Sozialamt gewendet. Sie haben mir 120 DM für die Miete und 150 DM fürs Essen gezahlt."

Nachdem Şenol eine Zeitlang arbeitslos war, bekommt er vom Arbeitsamt ein Schreiben, in dem er aufgefordert wird, an Berufsbildungskursen teilzunehmen. Er ist erfreut, entscheidet sich für die Elektrobranche und nimmt ein Jahr lang ununterbrochen an Kursen teil. Er beendet den Kurs mit guten Noten und einem Diplom. Was danach passiert, hören wir wieder von Şenol selbst: „Mit meinem Diplom bin ich zum Arbeitsamt gegangen und suchte Arbeit. Im Arbeitsamt sagte man mir, in diesem Beruf gäbe es keine Arbeit. Ich bin selber von Stelle zu Stelle gelaufen. Leider habe ich keine Arbeit gefunden, die meinem Beruf entspricht."

– An welche Stellen und Fabriken hast du dich gewendet?

– Ich habe nicht nur in Bergkamen Arbeit gesucht. Jede Arbeit, egal wo und was für eine, hätte ich gemacht. Zum Beispiel hatte ich gehört, daß in Duisburg, 90 km von hier, im Mannesmannwerk Arbeiter gesucht wurden. Ich fuhr mit einem Mietwagen nach Duisburg und stellte mich vor. Man sagte mir, nein. Ich sei von weit her, und in Duisburg gebe es auch zuviel Arbeitslose. Ich ging nach Hamm in eine Drahtfabrik. Sie sagten, sie stellten keine Arbeiter ein. Bei der Zeche, in der mein Vater arbeitet, habe ich mich mindestens dreimal an das Personalbüro gewandt, um Arbeit zu finden. Sie sagten, sie hätten Kurzarbeit, und gaben mir eine negative Antwort. Bei einer Baufirma in Dortmund hieß es: „Weil wir qualifizierte Arbeiter bekommen konnten, brauchen wir Sie nicht." Wo ich auch hingegangen bin, bin ich enttäuscht zurückgekommen.

– Wie hat sich die Arbeitslosigkeit auf dein tägliches Leben ausgewirkt?

– Als ich berufstätig war, ging ich von zu Hause auf die Arbeit, von der Arbeit nach Hause. Nachdem ich arbeitslos wurde, habe ich, ohne es zu wollen, angefangen, das Leben eines Taugenichts zu führen. Ich gehe zum Beispiel nicht beizeiten nach Hause und mache nicht das, was ich eigentlich machen will. Noch bis vor vier Wochen habe ich an Geldautomaten gespielt. Ich war ständig unterwegs, wo ich überall war, weiß nur noch Allah. Ich ging in die Vergnügungslokale für junge Leute, in die Diskotheken. Und dann war zu Hause natürlich dicke Luft. Meine Frau traute mir schon gar nicht mehr zu, daß ich Arbeit finden würde. Jetzt habe ich dank der Vermittlung eines türkischen Bekannten in dem Schnellimbiß, in dem er arbeitet, eine Stelle als Verkäufer gefunden. Wenn ich in Zukunft wieder arbeitslos werden sollte, werde ich's wieder genauso machen, fürchte ich.

– Wie waren die Kontakte zu deinen Bekannten, solange du arbeitslos warst?

– Während ich berufstätig war, kamen meine Freunde jeden Tag, und wir sind zusammen ausgegangen. Als ich arbeitslos wurde, haben sie sich fast nicht mehr bei mir gemeldet. Das alles hat mich bedrückt. Mein Vater stand um fünf Uhr auf, um zur Arbeit zu gehen, ich konnte nicht arbeiten gehen, obwohl mir nichts fehlte. Deswegen suchte ich noch intensiver Arbeit, aber ich kam mit leeren Händen nach Hause. Jeden Abend fragte mich mein Vater, was ich an dem Tag gemacht hatte, und schimpfte mit mir, weil er glaubte, ich wolle mich nur drücken.

– Du hast sicher arbeitslose türkische Freunde, was machen die?

– Einer von meinen Freunden war ein sehr zuverlässiger Junge. Er wurde wie ich arbeitslos. Er geriet auf die schiefe Bahn, begann mit Glücksspielen und war nicht mehr von den Automaten wegzubringen. Später hat er angefangen zu stehlen. Weil er rauchte, stahl er Zigaretten. Das Geld, das ihm sein Vater für Kleidung gab, gab er nicht für Kleidung aus. Was er an Kleidung brauchte, ließ er einfach mitgehen. Eines Tages wurde er am Spieltisch, während er Geld vor sich hatte, von der Polizei geschnappt und abgeführt. Er war 18 Jahre alt. Jetzt sitzt er im Gefängnis von Iserlohn. Er wurde zu zwei Jahren verurteilt.

Ich habe einen anderen Freund, der ist 1964 geboren. Ist seit 1982 arbeitslos. Er hat eine Stiefmutter, deswegen vertragen sie sich nicht gut. Jeden Monat, wenn das

Arbeitslosengeld kommt und er sich ein Taschengeld daraus nimmt, ist zu Hause die Hölle los. Deswegen wird er oft rausgeschmissen. Manchmal muß er wochenlang, sogar monatelang in Autos schlafen.

– Hast du Kontakt zu jungen Deutschen, hast du Freunde?

– Bis 1979/80 hatte ich hier keine türkischen Freunde. Bis 1982 hatte ich deutsche Freunde und war die meiste Zeit mit ihnen zusammen. Als dann die Fremdenfeindlichkeit aufkam, redeten sie schlecht über uns. „Geh nach Hause. Wenn die Wahlen vorbei sind, werdet ihr alle verjagt, packt schon mal eure Koffer!" sagten sie mir ins Gesicht.

In unserer Wohngegend gab es ein Bierlokal. Wir gingen immer dorthin, alles verlief normal. Wir konnten uns verständigen und kamen miteinander aus. Als aber die Kampagne mit dem Fremdenhaß begann, fingen die deutschen Freunde, mit denen wir uns früher so oft im selben Lokal getroffen haben, feindlich gegen uns zu reden an. Danach habe ich meine Kontakte zu ihnen abgebrochen. Jetzt grüßen noch einige von ihnen, wenn sie mich irgendwo sehen, aber die alte Freundschaft ist weg!

– Was meinst du, woher das kommt?

– Ich sehe einen Zusammenhang mit der Arbeitslosigkeit. Ich meine, die Arbeitslosigkeit ist nicht gekommen, weil wir hier sind. Sie ist das Ergebnis der deutschen Politik. Mehr weiß ich nicht.

– Wenn ihr euch mit den deutschen Freunden trefft, könntet ihr doch darüber sprechen.

– Wir können sie nicht überzeugen. Sie sind halt mal in einer anderen Richtung festgelegt. Ich war neulich in einer Disko. Zwischen den jungen Deutschen und den jungen Türken gab es Streit. Der Grund dafür war, daß die deutschen Mädchen sich mit den türkischen Jungen angefreundet hatten. Ein Deutscher wollte die Freundin von einem Türken zum Tanz auffordern. Das Mädchen fragt seinen türkischen Freund, ob er es ihr erlaubt. Der Türke erlaubt es nicht. Darauf beschimpft der Deutsche das Mädchen. „Warum fragst du ihn um Erlaubnis?" Dann sagt er zu dem Türken: „Wer bis du

denn schon, daß du ihr hier nicht erlaubst, zu tanzen? Wir sind hier nicht in der Türkei." Danach ging die Schlägerei los.

– Şenol, nachdem du das alles erzählt hast, möchte ich gern wissen, was dir in der Bundesrepublik gefällt.

– Die Sauberkeit, daß die Leute meistens freundlich zueinander sind, das gefällt mir sehr gut. An manchen Wochenenden fahre ich nach Dortmund. Wenn ich wegen einer Straße frage, erklären sie's mir, bis ich klarkomme.

Ein Vorfall, der sich im August 1984 ereignete, war in Bergkamen und Umgebung tagelang Gesprächsstoff. Am Montag, dem 13. August 1984, berichteten die Morgenzeitungen, daß am Wochenende fünf junge Türken einen Streit in einer Diskothek in Bergkamen provoziert hätten. Dabei wurde ein Polizist in Zivil mit einem Messer erstochen. „Bild" und andere Boulevardzeitungen brachten darüber große Schlagzeilen auf der ersten Seite. Es gelang mir, zwei der jungen Männer näher kennenzulernen. Sie faßten ein gewisses Vertrauen zu mir und erzählten mir ausführlich von ihrem Leben. A. C. war zu dem vereinbarten Treffen mit seinen beiden Brüdern gekommen. „Ich will nicht in ein Café, laß uns lieber in den Park gehen", meinte er. Wir setzten uns auf die erste Parkbank. Wir saßen in der Sonne und unterhielten uns über alles mögliche. A. C. spielte mit einem offenen Taschenmesser, das er aus seiner Tasche gezogen hatte, und schaute mit ängstlichen Augen die Leute an, die vorbeigingen.

A. C. ist 1957 in Giresun als Kind einer mittelständischen Familie geboren, sie hatten Teeplantagen und Haselnußgärten. Als sein Vater nach Deutschland kam, hielt es die Familie nicht lange in der Türkei aus und zog 1973 nach Kamen nach. „Wären wir doch nicht gekommen", sagten die drei Brüder fast gleichzeitig. Gleich bei seiner Ankunft findet A. in einer Fabrik Beschäftigung. Aber schon in den ersten Monaten sieht er sich einem Problem konfrontiert. Er schildert das so: „Wir waren sechs Geschwister. Der Lohn meines Vaters reichte nicht für den Unterhalt der Familie aus. Deswegen gab ich meinen Lohn zu Hause ab und hatte nicht einmal Taschengeld. So wurde ich auf illegale Wege gedrängt. Ich habe mich mit anderen jungen Türken aus unserem Viertel angefreundet. Unser Monatslohn war nicht höher als 1200 DM, aber was wir ausgaben, war viel mehr als das!"

– Das habe ich nicht verstanden; wie seid ihr an das viele Geld gekommen?

– Diese Gelder bekamen wir von den Bierkneipen als Tribut. Das heißt, man kann das eigentlich nicht als Tribut bezeichnen. Sie ließen von uns die Leute, die in der Kneipe Krach machten, hinauswerfen und gaben

186

uns Geld dafür. Noch richtiger gesagt, sind wir zum Werkzeug der Wirte geworden, die wußten, daß wir Geld brauchten! Später haben wir uns dann auf Automaten verlegt, haben sie überlistet und dabei viel Geld herausgenommen.

– Wie habt ihr das gemacht, seid ihr organisiert gewesen?

– Wir waren eine Gruppe von fünf Leuten. (In dieser Gegend bin ich als „Laz A." bekannt!) Die Freunde machten mich zum Bandenführer, weil ich der mutigste und klügste war. Unsere Gruppe arbeitete von 1975 bis 1980.

– Kannst du mir ein bemerkenswertes Ereignis aus der Zeit, in der ihr eure Raubzüge gemacht habt, erzählen?

– Im Jahr 1979 hatten wir aus Geldautomaten in Stuttgart und Umgebung zwölftausend DM erbeutet. Das Papiergeld versteckten wir unter dem Autositz. Das Kleingeld in Höhe von ungefähr 2 000 DM legten wir in einem Sack in den Gepäckraum. Als wir nach Bergkamen zurückgefahren sind, haben wir unterwegs angehalten, um uns auszuruhen. Da hat uns die Polizei kontrolliert. Wir waren sehr aufgeregt und ängstlich, weil wir befürchteten, das Geld zu verlieren. Auf der Wache durchsuchten sie uns gründlich, fanden die 2 000 DM Kleingeld und nahmen sie uns weg. Aber das Papiergeld haben sie nicht gefunden. Als sie uns freiließen, sind wir vor Freude in die Luft gesprungen. Später haben wir erfahren, sie hatten uns nur zufällig geschnappt, sie waren auf der Suche nach anderen. Nach einigen Monaten schickte die Polizei die 2 000 DM an meine Adresse.

– Existiert eure Bande noch?

– Die Polizei hat sie 1980 auseinandergenommen. Sie haben uns alle, mich eingeschlossen, in die Türkei abgeschoben. Damals, als ich ausgewiesen wurde, lebte ich mit einem deutschen Mädchen zusammen. Ich hatte auch ein Kind von ihr. Ich hatte gehört, daß sie mich nicht in die Türkei abschieben könnten, wenn wir innerhalb von drei Monaten heiraten würden. Aber meine türkischen Papiere sind nicht rechtzeitig gekommen, deswegen mußte ich in die Türkei zurück. Meine Frau folgte mir nach Istanbul nach, wir haben dort geheiratet. Trotzdem haben sie mir kein Rückkehrvisum gegeben. Deswegen reiste ich illegal, teils zu Fuß, teils mit Lastern, in 13 Tagen nach Deutschland.

– Wie leben deine Ehefrau und Kinder?

– Obwohl meine Frau Deutsche ist, verhält sie sich dem türkischen Brauch entsprechend. Sie ist mir treu und macht, was ich ihr sage. Wir haben drei Kinder. Aber meine Schwiegermutter nahm uns 1980 den Ältesten weg und brachte es ihn ein Jugendheim. Das Kind ist immer noch dort, ich darf es nicht sehen. Ich habe eine Menge versucht, um mein Kind zu mir zu nehmen, leider habe ich das nicht geschafft. Das hat mich sehr traurig gemacht. Ich habe keine Angst. Was ich mache, kann nicht jeder. Siehst du die Bäume gegenüber? Laß uns hingehen. Ich zeige dir den Baum, an dem ich mich erhängen wollte.

– Warum wolltest du dich umbringen?

– Als sie mir meinen Sohn weggenommen haben, war ich sehr traurig. Ich wußte nicht mehr, was ich tat, und ging verwirrt umher. Ich dachte, man gesteht uns nicht einmal das Recht zu, glücklich zu leben. Dann habe ich mich an den Baum aufgehängt. Aber dann riß der Strick, und ich fiel auf den Boden. Der Strick hatte in meinen Hals geschnitten. Ich hatte vier Wochen lang eine Wunde. Vielleicht wird alles besser, dachte ich und wollte doch nicht gleich sterben. Wenn alles nicht besser wird, will ich mich vor dem Jugendzentrum mit Benzin verbrennen!

A. C. und ich standen unter dem Baum, an dem er einen Selbstmordversuch gemacht hatte. Von einem Ast hing noch der Rest von dem gerissenen Strick herunter.

Er war schon alt und durch Regen und Nässe fast verrottet. Er zeigte mir den Strick. Er kletterte auf den Baum, um mir zu demonstrieren, wie es damals war. Es waren noch keine vier Wochen vergangen, als es zu dem Streit in der Disko kam. Die Nachricht darüber, A. C. und seine Freunde hätten einen Polizisten umgebracht, breitete sich wie ein Lauffeuer in Bergkamen und Umgebung aus. Auf diesen Mord reagierten die Türken empfindlich. Einige Deutsche sagten: „Die Türken gehen zu weit, man soll sie alle ausweisen!" Als noch alle darüber diskutierten, wurde in den deutschsprachigen Zeitungen die Nachricht von der Verhaftung von A. C. mit Foto veröffentlicht. Viele Türken freuten sich darüber, daß endlich A. C. verhaftet wurde, und meinten, von ihm sei nichts Besseres zu erwarten. Während noch die Diskussion im Gange war, wurde A. C. völlig unerwartet freigelassen.

Ich unterhielt mich wieder mit A. C. Jetzt war er noch einsamer. Keiner wollte was von ihm wissen. Wenn sich einer mit ihm unterhielt, tat er das gezwungenermaßen. Man konnte sehen, wie sie darauf warteten, das Gespräch zu beenden. Aber A. C. war es anders zumute, er wollte sich dazusetzen, sich unterhalten. Als ob er in eine fremde Welt geraten wäre und zurückwollte. Aber die Türen wurden vor seiner Nase zugeschlagen. Es war ihm klar, was los war.

Er sagte, er sei traurig über den Streit und über den Tod des Polizisten. „Wir, die jungen Menschen, sind nicht schuldig, es sind jene schuld, die uns keine Arbeit geben. Wenn ich Arbeit hätte, würde ich mich nicht bis nachts zwei Uhr in den Diskotheken herumtreiben!" Wir saßen in einem türkischen Café, er trank sein Mineralwasser und schaute sich die anderen an, die uns gegenübersaßen und Karten spielten. „Die, die Arbeit haben, geben sich nicht mit uns ab. Sie grüßen nur von der Ferne. Weil wir arbeitslos sind, befürchten sie, wir könnten von ihnen Geld verlangen. Deswegen bin ich mit anderen Arbeitslosen zusammen, denen geht es finanziell auch so wie mir. Wir können uns besser verstehen."

– Warum gehst du in die Diskos, was treibt dich dazu?

– Wenn ich abends früh nach Hause gehe, kann ich nicht einschlafen, meine Gedanken lassen mich nicht los. Kann ich eine Arbeit finden? Kann ich in Deutschland bleiben? Wenn ich so nachdenke, merke ich plötzlich, daß es wieder Tag wird. Wenn ich meine Zeit in der Diskothek verbringe und müde nach Hause komme, kann ich schlafen.

– Hast du einen Haß gegen die Deutschen?

– Ich hasse sie nicht als Personen. Ich bin ja mit einer Deutschen verheiratet. Sie sind Menschen, wie ich auch. Aber wenn ich angegriffen werde, kann ich mich nicht zurückhalten.

– Wie hat die Polizei dich und deine Freunde behandelt?

– Sie haben uns sehr gut behandelt. Ich glaube nicht, daß die türkische Polizei so menschlich handelt.

– Wirst du nach all diesen Ereignissen wieder in die Diskotheken gehen?

– Wir gehen nicht in die selbe, aber in andere. Wohin sollen wir sonst gehen. Wir sind sowieso schon tot, wer würde uns noch helfen?

Ein junger Mann aus Anatolien, der A.C.s Schicksal teilte, saß neben ihm. Er war kräftig gebaut und hatte ein klares offenes Gesicht. Sein Name war wegen dieser Ereignisse zum ersten Mal in die Zeitung gekommen. M. Ü. wurde 1964 in Sivas geboren, er war nachdenklich, sprach wenig. In knappen, zögernden Worten sprach er von sich: „1980 kam ich zu meiner Familie, damals war ich 16 Jahre alt und hatte in der Türkei die Grundschule abgeschlossen. Obwohl ich schon älter war, ging ich hier bis zur 9. Klasse in die Schule. Ich wollte einen Abschluß erreichen, aber ich habe es nicht

geschafft. Ich hatte einen Lehrer, ein Deutscher, er mochte mich gerne. Er war traurig über meine Lage, suchte für mich Arbeit und fand welche in einer Colafabrik. Ich arbeitete dort 6 Wochen, danach haben sie mir gekündigt, sie sagten, ich könne nicht genügend Deutsch. Seitdem bin ich ein Taugenichts geworden.

– M. Ü., gibt dir dein Vater Taschengeld?

– Schon, ich will mich nicht beklagen. Wir sind eine sechsköpfige Familie, nur einer verdient.

– An wie viele Stellen hast du dich gewendet, um eine Arbeit zu finden?

– Ich habe in allen Fabriken, die in der Gegend sind, Arbeit gesucht. Das sind sicher mehr als 10. Wenn ich noch vor dem Werkstor stehe, winkt der Mann ab und bedeutet mir zu gehen, ohne mich überhaupt anzusehen. Ohne qualifizierten Beruf eine Arbeit zu finden, ist sehr schwer.

– Hast du nicht vor, einen Beruf zu lernen?

– Klar, wer will das nicht? Ich habe mehrmals versucht, Autoschlosser zu lernen, habe aber keine Lehrstelle gefunden. Dann habe ich das ganze sein lassen und habe nur noch gejobt.

– Ich möchte auch dich fragen, was dich dazu treibt, in die Diskos zu gehen?

– Mich treibt nichts; wenn meine Freunde hingehen, fühle ich mich auch dazu gezwungen.

– Willst du von jetzt ab auch wieder hingehen?

– Das kann ich noch nicht sagen. Vielleicht gehe ich wieder hin.

– Wie beurteilst du das, was geschehen ist?

– Ich bin traurig. Grundlos ist ein Mann gestorben. Von jetzt ab werde ich versuchen, mich aus solchen Sachen herauszuhalten.

– Magst du die Deutschen leiden?

– Ich kann sie nicht leiden und empfinde auch keine Achtung für sie. In der ersten Zeit nach meiner Ankunft haben mich die deutschen Kinder nicht in Ruhe gelassen. Auf dem Schulweg bedrohten sie mich mit dem Messer. Die Kinder in unserem Wohnviertel haben mir nachgeschrien: „Die Mutter des Türken hat ein Kopftuch um." Mädchen und Jungen haben sich über mich lustig gemacht. Als ich neu in der Bundesrepublik war, wollte ich schon Kontakt mit den Deutschen. Als erstes habe ich einen türkischen Jungen, der in der Wohnung unter uns wohnte, kennengelernt. Ich habe ihn gefragt, wie man auf Deutsch „Merhaba" sagt. Er sagte mir, du mußt „Arschloch" sagen. Von da ab begrüßte ich jeden Deutschen, den ich traf, mit diesem Wort. Meinem „Merhaba" begegneten sie mit Ablehnung und haben mich angegriffen, das war mir unbegreiflich. Schließlich erzählte ich es meinem Vater. Er war traurig und erzählte mir, daß das ein Schimpfwort sei. Er hat den türkischen Jungen zurechtgewiesen, aber es war schon passiert. Die Deutschen stellten sich mir in den Weg, wo sie mir begegneten. Daraufhin begann ich in den Karate-Kurs zu gehen. Da habe ich eine neue türkische Bande kennengelernt. Die Streitereien mit den Deutschen haben begonnen, als ich mich dieser türkischen Bande angeschlossen hatte und mit ihnen herumzog. Als die Bande der deutschen Jungen, mit der wir Streit hatten, uns nicht unterkriegen konnte, haben sie noch ältere Jungen geholt. Wir haben die auch besiegt. Daraufhin holten sie Rocker mit Lederjacken und Motorrädern, um gegen uns zu kämpfen. Bei den vielen Prügeleien in dem einen Jahr gab es viele Verletzte.

– Hat euch niemand geholfen, hat keiner euch getrennt?

– Keiner hat uns getrennt. Wenn wir uns ruhig verhalten haben, haben sie uns um so mehr angegriffen. Wir haben die Polizei informiert, sie haben uns vernommen, und das war alles. Jetzt kann uns niemand mehr was anhaben. Alle wissen, wie gefährlich wir sind. Überall habe ich Freunde, wir können sofort zusammenkommen. Wenn alle zusammenkommen, werden es mehr als 200 sein. Die Hälfte von ihnen sind arbeitslos, viele haben schon einmal gesessen. Manche haben geheiratet oder sind zum Militärdienst eingezogen worden.

– Findest du es richtig, auf diese Weise zu leben?

– Nein, das nicht. Aber wir sind schon einmal drin, keiner hilft uns.

– M. Ü., wenn wir schon so im Gespräch sind, möchte ich mehr darüber wissen. Kannst du mir ein wenig von deinen Erlebnissen erzählen? Zum Beispiel habe ich gehört, daß in vielen Bierwirtschaften die türkischen Jugendlichen als Rausschmeißer arbeiten. Haben auch Besitzer von solchen Lokalen euch um Hilfe gebeten?

– Ja, viele wollten, daß wir ihnen als Rausschmeißer helfen, aber ich wollte nicht. Meine Freunde machten es aus Geldnot.

– Wieviel Geld zahlen die Wirte diesen Rausschmeißern?

– Am Tag 50 bis 60 DM. Wenn es Streit gibt, wird das um 30 DM erhöht.

– Ich glaube, das gilt für die deutschen Lokale. Gibt es unter den türkischen auch welche, die solche Rausschmeißer haben?

– Diese Art von Rausschmeißer-Job gibt es hier in der ganzen Gegend. Sogar bis nach Dortmund. Das ist ein Tätigkeitsfeld für uns arbeitslose jungen Männer. Offiziell gibt es das nicht. Es ist illegal und sehr gefährlich.

Schlußbemerkungen

Was ich hier mitgeteilt habe, macht nur eine Teil des Erlebten und Beobachteten aus. Diese Arbeit ist eine Auswahl aus Hunderten von schriftlichen und

mündlichen Mitteilungen entstanden. Ich möchte nicht verschweigen, daß ich dabei großen Schwierigkeiten begegnete.

Die türkischen Arbeiter, die sich in den 60er Jahren auf den Weg machten und hierhergekommen sind, sagten zu ihren Verwandten: „Macht euch keine Sorgen, in ein, zwei Jahren werden wir wieder zurück sein." Die Realität war nicht so, wie sie sie sich vorgestellt hatten. Sie sind in der Bundesrepublik geblieben. Jetzt wächst schon die zweite Generation in der Fremde auf. Deswegen ist es nicht leicht, die sich seit Jahren häufenden Probleme in den Griff zu kriegen.

Dieses Buch ist nicht mein Werk allein. Es ist das Werk jener türkischen Arbeiter, ihrer Ehefrauen, ihrer Töchter und Söhne, die hier mit ihren Problemen leben. Ich widme es diesen Menschen, von denen ich sehr viel gelernt habe. Ich war sehr oft mit ihnen zusammen, wir wurden Freunde. Ich habe mich bemüht, an ihren Sorgen teilzuhaben und ihre Schilderungen in ihrer Lebensweise selbst wiederzuentdecken.

Die türkischen Arbeiter werden noch lange Jahre zu der wirtschaftlichen und kulturellen Entwicklung in der Bundesrepublik Deutschland beitragen. Ich kann die Worte eines türkischen Arbeiters bei seiner Rückkehr in die Türkei nicht vergessen: „Ich weiß nun, wie leicht es war, hierherzukommen; eine Untersuchung beim Arzt, dann nahm ich meinen Koffer und kam hierher. Aber zurückgehen, das ist nicht so leicht!..." Auch deshalb werden sie noch lange Jahre hier in der Bundesrepublik Deutschland ihr Brot verdienen müssen. Mein größter Wunsch ist, daß für die brennenden Probleme der türkischen Arbeiter eine Lösung gefunden wird. Das fordern seit Jahren der DGB und seine Einzelgewerkschaften und viele andere in- und ausländische Organisationen. Wenn ich dazu mit meiner Arbeit ein wenig beitragen kann, werde ich mich glücklich schätzen.

Ich will nicht vergessen, all jene zu erwähnen, ohne

die dieses Buch nicht möglich gewesen wäre: Sehr viel verdanke ich dem Schriftsteller Dieter Treeck, Leiter des Kulturreferats von Bergkamen, und dem Maler Ismail Çoban. Wir stimmen in unserer emotionalen Einstellung überein. Sie haben mich bei dieser Arbeit von Herzen unterstützt.

Aber auch viele andere Freunde und Bekannte haben mir im Rahmen ihrer Möglichkeiten geholfen, meine Landsleute und ihre Probleme kennenzulernen: Ich danke dem Maler Mehmet Uyanık, dem jungen türkischen Dichter Levent Aktoprak, den Journalisten-Kollegen aus dem Kamener Büro der Westfälischen Rundschau, dem Fotoreporter Fern Mehring, dem Vorstandsmitglied des Schriftstellerverbandes in NRW Hermann Spix, Schulleiter Walter Dahl von der Nordberg-Schule Bergkamen, den Sozialpädagoginnen Gabi Hauptmann und Ilona Caspari, der Lehrerin Brigitte Bottner und ihrem Ehemann Georg, dem Lehrer Behçet Soğuksu und seiner Ehefrau Marion, dem Lehrer Paul Weitkamp von der Volkshochschule Bergkamen, dem Journalisten Hans Röver, der an der Zeitschrift Westfalenspiegel arbeitet, allen Mitarbeitern des Kulturausschusses von Bergkamen, dem Bergbauingenieur und Abteilungsleiter Rolf Gerd Schulze und seiner Frau Karin von der Zeche „Grimberg 3/4", Dirk Meyer und seiner Wohngemeinschaft, dem Sozialarbeiter Nail Yüksel, dem Sozialarbeiter und Ausländerbeiratsmitglied in Gelsenkirchen Mustafa Kızmaz, dem Sozialarbeiter Gönül ve Mustafa Sebibucin, dem Sozialpädagogen und Steuerfachmann Mustafa Yılmaz, der in Köln mit Tausenden von türkischen Arbeitern zusammenarbeitet, den jungen Männern in der Jugendstrafvollzugsanstalt Siegburg, Yılmaz Karakök und den türkischen Jugendlichen in Bergkamen sowie Haydar Gündüz und seiner Ehefrau, Murat Kahraman sowie Heino und Violetta Baues. Allen Familien aus der Türkei, die mir freundlich begegnet sind, und allen Bürgern Bergkamens danke ich sehr. Ich werde ihr aufrichtiges Interesse, ihre Freundlichkeit und Freundschaft nicht vergessen.

Die Übertragung des Buches hat Elif Lachauers besorgt. Ich danke ihr herzlich für ihre sehr genaue und engagierte Arbeit.

Metin Gür

Bildnachweis

Die im Buch verwendeten Fotografien beziehen sich zwar auf die in ihrer Nähe stehenden Texte; die abgebildeten Personen sind jedoch nicht mit den im Buch behandelten Personen identisch.

Arbeiterfotografie Bremen/W. Seehofer, S. 24

Archiv des Jugendmagazins elan, Dortmund, S. 27, 52, 66, 115, 181

Jürgen Betz, Dortmund, S. 16, 45, 61, 68, 78, 84, 95, 114, 125, 135, 144, 154, 156, 168, 175, 185

Ingrid Breker, Kamen, S. 4

Metin Gür, Köln, S. 38, 71, 73, 107, 159, 163

Peter Meyer, Bremen, S. 195

Dieter Mielke, Hamburg, S. 151

Klaus Rose, Iserlohn, S. 11, 31, 55, 91, 179, 191

Manfred Silberzahn, S. 100